数字教育
及其立法研究

RESEARCH
ON
DIGITAL EDUCATION
AND
ITS LEGISLATION

聂加龙 谢靖宇 / 著

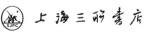 上海三联书店

序

　　教育，是立国之本、强国之基。教育数字化在推动教育平权、促进教育现代化等方面具有重要意义，是我国从教育大国向教育强国转变的突破性力量，而法治则是数字教育健康发展的基础。

　　《数字教育及其立法研究》是青年学者聂加龙和谢靖宇合著的一本法学专著，是兼具学术性、前瞻性、可读性的一部好书。它是一部基于数字教育社会实践，提出和解决问题，填补数字教育法治化领域研究空白，是具有开拓性的一部著作。有较高学术价值、值得推荐。

　　数字技术和人工智能技术的飞速发展，在满足人民对美好生活向往的同时，也为法治建设带来了前所未有的机遇和挑战。教育数字化是人类生产力变革渗透到教育行业的体现，它在重塑教育形态的同时给我国教育平权、教育强国建设带来了积极变量。

　　本书以在法治轨道上推进数字教育为主线勾勒出了数字教育法治化的完整轮廓。沿着为什么要发展数字教育以及如何更好发展数字教育的演进思路，逐步证成在法治轨道上推进数字教育与发挥法治保障作用的内在逻辑。法治具有的"利长远""固根本""稳预期"作用，可以克服数字教育发展所需人力、物（财）力、政策等方面的担忧。数字教育发展离不开法治的保障。本书厘清了关于数字教育的认识偏差。作为概念的"数字教育"在电教化阶段就被提出，与当前政策中的"数字教育"不同。为此本书将数字教育界定为："在现代教育思

1

想和理论指导下，按照相应标准与伦理规范运用数字技术，通过教育数据开放与协同创新培养和提高学习者数字技能与素养的一种新的教育形态"。这个定义从数字技术、教育形态重塑两个维度来定义数字教育，为理解数字教育内涵提供了一个很好的思路。本书还提出了完整的数字教育立法方案。不仅论述了数字教育立法的必要性、可能性定位与最优定位，还细致地论证了"数字教育促进法"这个数字教育立法实现方式的体系表达、立法结构与主要内容，以及"数字教育促进法"制定出来后可能存在缺陷与如何补正的策略。

我相信无论是从事法学、教育学领域研究的学者，还是对数字技术、教育立法等感兴趣的读者，都能从书中找到属于自己的收获与启迪。

漆多俊

2025 年 4 月 28 日

目　录

1

目　录

导　　论

一、研究的背景、主题词、意义和目的

(一) 研究的背景与主题词

2022 年召开的党的二十大指出,从现在起,以中国式现代化全面推进中华民族伟大复兴是党的中心任务之一。之后 2024 年召开的党的二十届三中全会更是明确提出"教育、科技、人才是中国式现代化的基础性、战略性支撑",以及"法治是中国式现代化的重要保障"[①]。这两次党的重要会议召开之间,习近平总书记在其主持的中共二十届中央政治局第五次集体学习时发表的重要讲话中,针对"教育数字化是我国开辟教育发展新赛道和塑造教育发展新优势的重要突破口"与"我国互联网上网人数已达十亿六千七百万"的客观实际,提出了"要进一步推进数字教育"的重要论述[②]。这决定了本研究至少是在如下的背景下进行的。

1. 以中国式现代化全面推进中华民族伟大复兴的时代背景

中华民族伟大复兴是近代中国以来,中国一代又一代的人民孜

---

① 《中国共产党第二十届中央委员会第三次全体会议文件汇编》,人民出版社,2024年版,第 30、51 页。

② 习近平:《论教育》,中央文献出版社,2024 年版,第 232 页。

孜以求、为之奋斗的中国梦。历史的滚滚车轮驶至当下,我们比之前任何时候都更接近这个中国梦的实现,而且有信心有能力最终实现这个中国梦。正如党的二十届三中全会指出的,教育是中国式现代化基础性、战略性支撑之一。于是,习近平总书记将建设教育强国称为以中国式现代化全面推进中华民族伟大复兴的基础性工程①。在此时代背景下,本研究必须紧紧扭住我国建设教育强国这个主题词。因为只有这样,本研究才能与此时代背景相联系起来,才能证成本研究联系了中华民族伟大复兴的目标。

2. 全面推进国家各方面工作在法治轨道上进行的时代背景

正如习近平总书记指出的,"法治是治国理政不可或缺的重要手段,什么时候重视法治、法治昌明,什么时候就国泰民安;什么时候忽视法治、法治松弛,什么时候就国乱民怨"②。于是,以中国式现代化全面推进中华民族伟大复兴必然要求国家各方面的工作要在法治轨道上进行。进一步推进数字教育肯定是国家的工作之一,这决定了该工作要在法治轨道上进行。在此时代背景下,本研究必须紧紧扭住法治这个主题词。因为只有这样,才能与此时代背景联系起来,才能证成本研究凸显了法治具有的固根本、稳预期、利长远的保障作用。

3. 数字技术广泛应用于教育领域的世界教育发展背景

当今数字技术蓬勃发展,广泛且深入地应用于经济社会各个领域,教育领域是其中一个。在此背景下,"确保包容、公平和有质量的教育,促进全民享有终身学习机会,正成为世界教育发展的新目标"③,并且

---

① 习近平:《论教育》,中央文献出版社,2024年版,第228页。

② 习近平:《论坚持全面依法治国》,中央文献出版社,2020年版,第170—171页。

③ 本书编写组:《习近平总书记教育重要论述讲义》,高等教育出版社,2020年版,第4页。

"联合国和世界各国都在积极行动,把数字教育作为应对危机挑战、开启光明未来的重要途径和举措"①。在此背景下,本研究必须紧紧扭住数字技术这个主题词。因为只有这样,才与此背景联系起来,才能证成本研究把握了数字技术正深刻改变着人类的学习方式这一全球发展大势。

(二) 研究意义

上面所述的时代背景,决定了当前我国教育要推进数字化。于是,本研究最大的研究意义应该是为推进我国数字教育化提供助力。从上面所述的研究背景中引出的主题词,可以知道,本研究最大的研究意义具体体现在以下两方面。

1. 能为我国教育高质量发展提供新的思路

我国是教育大国但不是教育强国是一个众人皆知的客观事实。于是,建设教育强国是新时代中国必须重视的一个重大课题。为此,中央政治局专门以建设教育强国为内容进行了集体学习。在这次集体学习中,习近平总书记开宗明义地指出了为什么要扎实推动教育强国建设:"纵观人类历史,教育兴则国家兴,教育强则国家强。世界强国无一不是教育强国,教育始终是强国兴起的关键因素。建设教育强国,是全面建成社会主义现代化强国的战略先导,是实现高水平科技自立自强的重要支撑,是促进全体人民共同富裕的有效途径,是以中国式现代化全面推进中华民族伟大复兴的基础工程。"②建设教育强国必然体现为我国教育高质量发展。本研究紧紧扭住教育高质量发展这一主题词,必然能够为我国教育高质量发展提供一个新的

① 教育部政府门户网站,http://www.moe.gov.cn/jyb_xwfb/moe_176/202302/t20230213_1044377.html,最后访问日期:2024 年 10 月 25 日。
② 习近平:《论教育》,中央文献出版社,2024 年版,第 228 页。

思路。

2. 能为我国教育法治拓展新的发展方向

无论是我国还是其他国家的教育事业发展经验,都无一例外地表明教育事业的发展离不开发展法治的保障,而且法治保障越好的国家,教育发展得越好。这一经验给我们的启示是:本研究的数字教育发展自然也离不开法治的保障,而且越能充分发挥法治的保障作用,意味着数字教育发展得越好。数字教育在当下无疑是一个新的事物,它既涉及教育的内容,又涉及数字技术的内容。于是,如何运用法治的方式保障数字教育的发展,必然会涉及这两方面的内容。而这是已有教育法治所没有的。本研究一面紧紧扭住法治这一主题词,一面紧紧扭住数字技术这一主题词,必然能够为我国教育发展拓展新的发展方向。

(三) 主要研究目的

既然本研究具有能为我国教育高质量发展提供新的思路,能为我国教育法治拓展新的发展方向等意义,那么这些意义决定了本研究最主要的目的是证成如何实现在法治轨道上——立法——促进数字教育发展。具言之,本研究目的包括如下几方面的内容。

1. 证成发展数字教育的意义

在法治轨道上促进数字教育发展预设的前提是发展数字教育有现实的价值与意义。如果发展数字教育没有任何的现实价值与意义,或者尽管有现实的价值与意义,但不大,那么也就没有必要运用法治的方式促进数字教育发展。其中的道理很简单,因为法治的方式并不是一个不需要任何成本或代价或者说成本或代价很小的方式。因此,如果不能证成发展数字教育的意义,那么本研究的意义与目的也就没有必要谈论。

2. 证立在法治轨道上促进数字教育发展的路径：立法

法治包括立法、执法、司法、守法等诸多内容和方面。因而，在法治轨道上促进数字教育发展首先要解决的是在怎样的法治轨道上促进数字教育发展。"如果根本不知道道路会导向何方，我们就不能明智地选择路径"①。在法治轨道上促进数字教育发展的方向自然是在法律等规范与保障下我国的数字教育得到高质量发展。这一方向蕴含的潜台词是：我国得存在能规范与保障数字教育高质量发展的法律。虽然我国不存在专门的规范与保障数字教育高质量发展的法律等，但已有的法律等能否实现这一目标？如果能，那么本研究的意义与目的也就没有谈论的必要了。为此，需要证立已有的法律等能否实现这一目标。只有这样才能得出在法治轨道上促进数字教育发展的路径是立法之结论。

二、 国内外研究现状梳理

（一）国外研究现状

1. 关于数字化对教育发展影响的研究

近年来，数字教育得到了国际社会的高度重视，UNESCO 先后发布了《The digital transformation of education：connecting schools，empowering learners》（2020）《Reimagining our futures together：A new social contract for education》（2021）等报告，欧盟于 2020 年发布了《Digital education action plan 2021—2027：resetting education and training for the digital age》。虽然有关于数字教育

---

① ［美］本杰明·卡多佐：《司法过程的性质》，苏力译，商务印书馆 2000 年版，第 63 页。

的作用（D. Laurillard，2008；M. Thomas，2011）数字教育治理（Williamson，Ben，2016；Ozga，Jenny，2016）、数字教育政策（Johannes Conrads，2017）等研究成果，但是国外学者在数字技术给教育生态、教育资源、教学模式等带来了深刻的变化，人类将面临数字化教育革命（Anthony Seldon，2013；Diane Joseph，2019）认识导引下，近年来国外关于数字教育研究更多聚焦于数字化对教育发展影响。研究成果大致可以分为两类：一类是关于数字技术对教育正面影响的探讨，一类是关于数字技术对教育负面影响的探讨。

① 关于数字技术对教育正面影响的探讨。很多学者认为，通过多元主体的协同与多种技术手段的融合（Honig Mercdith，2006）使教育系统发生结构（Muhammad Imran Qureshi，2021）、范式（Abid Haleem，2022）等改变，它不仅能提升教师教学潜力（Michael Thamas，2011）、学生沟通技巧（Kyaw，2019），还能创造获取知识的新方式还能极大扩展学习范围（Ugwu，2019），以及实现根据每个学生的不同需求开展个性化教育（Viktor Mayer-Schönberger，2014）。OECD（2021）的《*Digital Education Outlook 2021：Pushing the frontiers with AI，blockchain，and robots*》一书更是全面地从学生学习、教师教学及学校管理三个方面讨论了智能技术对教育具有赋能作用。由于数字技术能够给教育带来诸多正面的影响，国外许多国家纷纷推出并推进教育数字化发展规划和搭建数字教育平台。在此背景下，国外学者近年来着重探讨了数字教育资源运用的领域（Dillenbourg，2016；Pein，2017）、教育数字化平台（AV Feoktistov，2020）、教育数字化转型（Svetlana Zizikova，2023）等议题。

② 关于数字技术对教育负面影响的探讨。Wayne Holmes（2019）等人在《教育中的人工智能：前景与启示》一书中探讨了人工智能教育领域发展的瓶颈。还有很多学者认为，在智能算法技术应

用下,学生成为"可被测量"的对象(Berent,2020),会对学生的公民权利产生偏见和不公平(Tarran,2018;Zanetti,2020;Marcinkowski,2020),会进一步使有关教与学的错误观念永久化(Bates,2020),以及导致教育数字化平台会成为食利者(Janja Komljenovic,2021),为此应谨慎地将数字技术应用于教育领域(Stewartr,2002)与保持对数字教育平台的批判(Mathias,2021),提出了防御机器人教育是人类不可或缺的教育(Joseph E. Aoun,2018)等理论观点。此外,实务部门也对数字技术对教育负面影响进行了关注。OECD编写的《*The Role of Education and Skill in Bridging the Digital Gender Divide：Evidence from APEC Economies*》(2019)、《*Education Responses to COVID-19：Embracing Digital Learning and Online Collaboration*》(2020)等报告,全面探讨了数字教育性别排斥的衍生根源等,并提出了应对在实施数字教育中产生的数字鸿沟等挑战的策略;世界教育创新峰会研究总监阿斯玛·法达拉在2014年数字教育大会上强调,在教育领域使用人工智能,应当解决数字鸿沟、隐私泄露、偏见歧视、算法滥用、数字伦理等难题。

2. 关于数字科技理论和法律规范建设的研究

针对数字技术尤其是人工智能在教育领域应用产生的数据隐私泄露等问题,加强数字科技伦理和法律规范建设受到了实务部门和学界普遍关注。在实务部门层面,2021年11月,UNESCO发布的《*Recommendation on Ethics of AI*》建议各国通过设立专项经费和激励机制,鼓励开发可行的本土化法律框架和提出制度创新建议。在2024年世界数字教育大会上,UNESCO《全球教育监测报告》编写组高级政策分析师安娜·达迪奥强调,人工智能在教育系统应用需要建立以人权为基础的法律政策框架。2024年3月欧盟通过的《*Artificial Intelligence Act*》以法律的形式规定了在教育领域禁止推断自然人情绪的人工实践,并将用于确定自然人进入各级教育或课程的机会、录取或分配等人工智能系统列为高风险人工智能系统。在学界层面,Tsjalling Swierstra 等（2010）、Katinka Waelbers（2011）、Brey(2012)等学者先后提出了新的和尚在研究中的科学技术伦理、前瞻性技术责任伦理、预知性技术伦理等理论。在这些理论的影响下,国外学者认为要创建一个确保学习者隐私等不受损害的健全框架(Jones,2019;Ahmed Tlili、Marieta Georgieva、Shahbaz Khan,2024),与构建一套刻意开展过程性评估和参与性评估的可追溯系统(Buckley,2017)。

（二）国内研究现状

1. 关于数字教育方面的研究

数字教育是数字技术在教育领域应用导致的。基于此,国内学者在数字教育方面的研究呈现出了一个显著的特点:一方面基于数字技术及其特点,提出了智慧教育、数字教育、人工智能教育、教育数字化等概念且重视关于智慧教育的探讨;另一方面从数字技术应用的角度出发探讨数字技术对教育发展影响。

① 关于智慧教育的探讨。基于信息技术的不断发展并与教育融合,有学者(黄尧等,2019)提出,当前教育信息化由多媒体教育、数字教育、人工智能教育步入智慧教育。人工智能在教育领域中应用具有智能化辅导学习及决策等(周洪宇等,2018)智慧特征,从而国内学者提出了智慧教育概念(祝智庭等,2012),并认为智慧教育是教育信息化的高级阶段(代咏梅,2020),是充分运用现代智能技术,全面实施个性化教学、按需服务(陆灵明,2020)的新型促进人才多元化(赵勇,2020)教育模式,并基于智慧学习环境是实施智慧教育的基础(祝智庭,2012;黄荣怀,2014),围绕智慧校园(黄荣怀等,2012;王爱

军,2023)、智慧教室(刘革平等,2023;范文翔,2024)、智慧学习(祝智庭等,2017;王焕景,2023;武法提,2024)等重点议题进行研究。值得注意的是,在贯彻"进一步推进数字教育"重要论述的国家教育数字化战略行动引导下,学界逐渐突破数字教育被视为仅高于多媒体教育的教育信息化阶段的认识藩篱,近年来开始对数字教育的内涵(祝智庭等,2022;吴砥等,2022;袁振国,2023)、特点和进路等(吴砥等,2024)进行研究。

② 关于数字技术对教育发展影响的探讨。国内学者普遍认为,数字技术尤其是人工智能在教育领域的运用会产生新的教育模式,是教育创新的新期待(翟小宁,2020)。于是,学者们对数字技术教育发展影响的探讨主要聚焦于数字技术推动教学模式创新(田铁杰,2018)、泛在学习(鞠雪楠等,2018)、数字教育资源(董伟等,2023;顾小清等,2024)等议题的讨论,主张我国教育要进行数字化转型(祝智庭等,2022;祝士明,2022;袁振国,2023)或教育数字化发展(杨宗凯,2023;李永智,2023;黄荣怀等,2023)。当然,也有学者提出,数字技术对教育发展并不是总会产生积极的影响,也会带来一些不利的影响:加剧教育不公平(徐乐乐等,2022)、带来教育鸿沟(欧阳鹏等,2019)、教育支配(刘丙利等,2020)、教育异化(唐汉卫等,2020)、教育主体失范(逯行等,2023)等。

2. 关于数字教育立法的研究

国内关于数字教育立法的研究还主要停留在点滴"补缺"的阶段,即个别性地研究学习权、受教育权。至于数字教育基础设施建设、数字教育资源应用等等诸多问题都没有得到足够和有效的关注,亟待进行体系化的研究。因此,关于数字教育立法的研究较少且在总体上呈现出宏观研究少于微观研究的特点。宏观研究层面,刘永林等(2022)从理论、技术、实践和制度四个维度全面勾勒了蕴含"良法、善治、公正、素养"的数字时代教育法治的未来图景。刘旭东（2024）认为，人工智能在为不同教育主体带来全新机遇的同时，也为新一轮立法事业应对人工智能教育应用风险的高度不确定性带来了挑战。微观研究层面，国内学者主要基于教育数字化深入发展已对公民的学习权和受教育权产生了重要影响的事实聚焦于学习权和受教育权进行研究。魏文松（2022）探讨了教育数字化下的学习权保障问题。管华（2022）探讨了通过编纂《教育法典》确认和保障人工智能在教育领域应用衍生出的接受信息教育权利、获得智能教育设备等受教育基本权利新的子权利问题。熊樟林等（2023）探讨了通过打造科学规范的权利保障体系等方式应对智慧教育对受教育权的冲击问题。刘璞等（2024）探讨了智慧教育模式下受教育权被赋予了受教育机会权兼有"入学机会"和"数字教育机会"、受教育条件从获得"物理条件"向"虚拟资源"延伸和受教育结果的评价方式从"结果评价"变为"过程评价"等新的内涵在教育法典中的表达问题。

（三）国内外上述观点的总体评价和发展空间

概言之，已有的研究或是高屋建瓴，论述了数字教育的基础理论等问题；或是细致入微，提出了教育法典编纂应对数字教育模式下教育权保障制度构建策略等。这些研究都具有精辟独到的见解，可以为本课题提供概念、理论、分析工具和方法论支持。但同时也存在如下几方面问题，这也是本课题努力突破的问题：

第一，对核心概念基本内涵共识的缺乏。国内学界对数字教育的基本内涵并未形成统一的共识，导致数字教育与智慧教育、人工智能教育等概念混用。

第二，研究重心具有显著的学科隔阂性。数字教育研究多从教育学学科视角展开，虽提出完善包括法律制度在内的制度体系的建议,但并未对相关法律制度的完善进行具体阐述。数字教育立法研究多从法学学科视角展开,虽有具体阐述编纂教育法典等立法建议,但探讨的对象或是人工智能教育或是智慧教育。

第三,有体系且有深度研究成果的缺乏。关于教育立法的研究尤其是国内的研究由于在一定程度上表现出"三多三少"特征(即价值论证居多、实证研究居少;片段研究居多、整体研究居少;直接论述居多、比较论述居少),从而难以形成体系与深度兼具的成果。

三、　研究思路与主要内容

(一) 研究思路

立足于现有研究存在的发展空间,本书的研究既要厘清数字教育的内涵,又要兼采价值论证与实证研究,打破法学与教育学的学科隔阂,系统地论证"数字教育立法"这一议题,为我国教育数字化转型贡献力量。基于此,本书的研究采用了"文献分析→提出假设→实证分析→理论证成→提出研究结论"的基本逻辑展开。

在文献分析方面,本书通盘梳理了在导论中"二、国内外研究现状梳理"呈现的与本课题相关的文献。在此基础上,本书的研究结合了党的二十届三中全会和中央文献出版社将习近平总书记关于教育的重要论述汇编成的《论教育》一书中的精神与重要论述等,提出了"数字教育立法"这一假设。

围绕"数字教育立法"这一假设,在实证分析与理论分析相结合的基础上,探究"为什么要数字教育立法""怎样实现数字教育立法"这一重大课题。在探究"为什么要数字教育立法"方面,本书研究采用了由表及里与抽丝剥茧的方式:首先,回答了什么是数字教育;其次,回答了发展数字教育的意义何在;再次,论证了在法治轨道上促进数字教育发展的必然性；最后，论证了立法促进数字教育发展的必要性。在探究"怎样实现数字教育立法"方面，本书的研究注重论述了数字教育立法的定位、名称、立法目的、立法原则、重要内容、存在的缺陷及其补正策略等问题。具体研究思路与技术路线如下图（图1）所示。

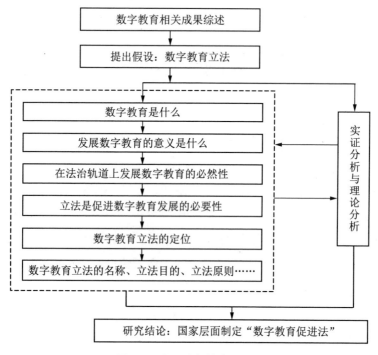

图1　研究思路与技术路线图

（二）主要内容

基于如上所述的研究思路，本书的研究内容主要包括如下五个部分。

第一部分，数字教育基本内涵的厘清。本部分针对学界存在"教育信息化""电化教育""多媒体教育""数字教育""（人工）智能教育""智慧教育""教育数字化转型"等诸多与数字教育有关联的概念，以及存在将"数字教育"概念归入"教育信息化"范畴的做法之现状，本部分立足于习近平总书记关于建设教育强国重要讲话及其背景，数字教育的基本内涵要从数字技术与教育形态重塑这两个维度去理解的主张。在该主张的指导下，本书提出：1）在数字技术维度下，数字教育的内容应当包括数字基础设施的建设、教育者与受教育者学习者的数字技能与素养提升、数字教育标准与伦理规范的建立健全等；2）从教育形态重塑的角度看，数字教育的内容应当包括教育数据的开放与数字教育的协同创新等；3）数字教育是指在现代教育思想和理论指导下，按照相应标准与伦理规范运用数字技术，通过教育数据开放与协同创新培养和提高学习者数字技能与素养的一种新的教育形态。

第二部分，数字教育：建设教育强国的重要抓手。本部分主要是结合习近平总书记关于扎实推动教育强国建设的讲话精神，论述了数字教育有利于不断提升基础教育、职业教育、高等教育的质量和水平，有利于建设学习型社会。在此基础上得出数字教育是推动教育高质量发展的重要抓手之结论，回答了为什么要发展数字教育发展的问题。

第三部分，法治化：促进数字教育发展的必然要求。本部分围绕如何利用好数字教育这一抓手的问题，提出了并证立促进数字教育发展要在法治轨道上进行的主张。具言之，本部分从数字教育的发展离不开人力、物力、财力的投入与政策支持等入手，分别论述了克服数字教育发展所需人力投入方面的担忧需发挥法治利长远的保障作用、克服数字教育发展所需财（物）力投入方面的担忧需发挥法治固根本的保障作用、克服数字教育发展所需政策支持方面的担忧需发挥法治稳预期的保障作用。基于此,本部分得出了促进数字教育发展法治不可或缺,或者说应当在法治的轨道上促进数字教育发展的结论。

第四部分,数字教育立法:在法治轨道上促进数字教育发展的先导。本部分围绕如何在法治的轨道上促进数字教育发展的主题,论述了数字教育立法的必要性、数字教育立法的可能定位、数字教育立法最优定位等,得出了实现在法治的轨道上促进数字教育发展,最好的方式是制定一部专门的数字教育促进型法律之结论。

第五部分,数字教育促进型立法的实现。本部分围绕如何制定以及如何制定好一部专门的数字教育促进型法律的主题,论述了该法的名称、立法目的、立法原则、主要内容、缺陷及其补正策略等,期待这些建议能够为我国关于促进数字教育发展的法律文件最终的出台提供"加速度"。

第一章　数字教育基本内涵的厘清

虽然数字教育在学术上有诸多的讨论,但也存在导论中所言的"国内学界对数字教育的基本内涵并未形成统一的共识,导致数字教育与智慧教育等概念混用"的问题。正确且清晰地界定数字教育的基本内涵是开展数字教育立法研究的逻辑起点。也就是说,如果不能对数字教育的基本内涵哪怕是有个较为正确且清晰的"刻画",关于数字教育立法研究所得出的结论必然在逻辑上会变得不可信。因此,厘清数字教育基本内涵之于数字教育立法来说并非画蛇添足,恰恰相反,是画龙点睛。

第一节　学界中的"数字教育"

在学界尤其是中国的学界,提出了很多与本书讨论的"数字教育"有一定关联的概念,如"教育信息化""电化教育""多媒体教育""数字教育""(人工)智能教育""智慧教育""教育数字化转型"等等。在这些概念中,"教育信息化"与"教育数字化转型"像是"母概念",其他的则像是"子概念"。例如,国内有学者将"电化教育""多媒体教育""数字教育""人工智能教育""智慧教育"视为教育信息化的不同阶段或形态①。尽

---

① 　徐晔、黄尧:《智慧教育:人工智能教育的新生态》,载《宁夏社会科学》2019 年第 3 期。

管这些概念之间具有一定的内在逻辑性,但正如有的学者指出的这并不能消除智慧教育研究面临的认知困境:"难免造成一定的学科鸿沟或壁垒,进而导致智慧教育研究共同体无法进行平等对话"①。虽然这个认知困境是针对智慧教育而言的,但从中不难得出这种认知困境也存在于本书讨论的"数字教育"。这是因为本书讨论的"数字教育"要求厘清与"智慧教育"的界限,而"智慧教育"的认知困境势必会影响两者界限的厘清。此外,在"教育信息化"这一母概念中还包含"数字教育"这个子概念。但该概念不是本书讨论的"数字教育",否则也就没有厘清"数字教育"的必要性。还需要特别指出一点的是,"教育数字化转型"与"教育信息化"一样像是"母概念",因为已有学者隐晦地将"人工智能教育"视为是"教育数字化转型"的子概念②。由此,"教育数字化转型"与"教育信息化"因为"人工智能教育"存在"重叠"。人工智能在本质上可以理解为人造的智慧体③。从这个角度看,"教育数字化转型"与"教育信息化"的"重叠"似乎指向的是"人工智能教育"与"智慧教育"的不同。这样不可避免地引发了:区分"教育数字化转型"与"教育信息化"有必要清楚何为"人工智能教育",何为"智慧教育"。

总括上面所述,要厘清本书讨论的"数字教育"基本内涵,至少要清楚学界关于"智慧教育""人工智能教育""数字教育""教育信息化"

① 刘选、刘革平:《我国智慧教育研究十年:聚焦、困境与突围》,载《成人教育》2024年第2期。

② 有学者提出人工智能是"是实现中国式教育现代化的重要路径"(见刘旭东:《变革与回应:人工智能教育立法的四维路径》,载《比较教育学报》2024年第3期)。而教育属数字化转型是中国式教育现代化的必由之路在当今已是共识。

③ [美]斯图尔特·罗素、彼得·诺维格:《人工智能:一种现代方法》,姜哲等译,人民邮电出版社,2010年版,第4—6页。

16

"教育数字化转型"等的论述。

一、关于学界对智慧教育与(人工)智能教育论述的简要介评

当前,学术界关于智慧教育研究主要遵循两条进路:第一条进路是把智慧教育视为教育信息发展新形态,第二条进路则是把智慧教育视为一种新的教育理念和价值追求。由于研究进路的不同,学界关于智慧教育的理解与认识也不同。在第一条进路中,对智慧教育探究旨在"通过信息技术等教育方式的改变使教育教学更加便捷、高效和智能,实现智能信息技术与教育的深度融合,从而大大提高教育教学的效率与质量";在第二条进路中,对智慧教育的探究则是致力于"启迪人的智慧、培养有智慧的人,使人品味智慧人生、享受美好生活,涉及教育目的、结构、内容、模式、方式、方法、条件等整个教育系统的变革",并且认为第一条进路中的智慧教育是"智能教育"[①]。

尽管第一种进路中的"智慧教育"被第二条进路的研究学者认为是"智能教育",但由于第二条进路的研究文献较少之缘故[②],当前学界所言或所指的"智慧教育"是第一条进路中"智慧教育"。然而,第一条进路中的"智慧教育"研究依然面临这样的现实困境:"对于教育技术学科而言,其学科特色决定了其对创新技术较为敏感,而且重视将各种新技术应用于教育教学实践中。但是在企业和媒体的大肆宣传下,许多企业的科技产品都被冠以'智能'和'智慧'的噱头。这使得教学实践者在选择、使用和应用智能技术的过程中面临诸多困惑,

---

① 邵琪:《智慧教育史论》,浙江大学 2019 年博士学位论文。

② 有研究者在 2019 年指出,遵循第二条研究进路的研究文献只占"智慧教育"研究文献的三分之一。见邵琪:《智慧教育史论》,浙江大学 2019 年博士学位论文。

如被动使用各种智能技术、重建轻用、为用而用,而无法将智能技术与教学应用有机融合起来"[1]。究该现实困境之根底,不难发现,于上指向对"智慧"与"智能"这两概念的理解偏差。因此,厘清"智慧"与"智能"这两个概念是有必要的。

"智慧"很早就是哲学的研究对象,例如,古希腊的赫拉克利特(Heracleitus)和亚里士多德分别认为:"智慧只在于一件事,就是认识那善于驾驭一切的思想"[2],"智慧就是有关某些原理与原因的知识"[3],《墨子·尚贤中》云:"夫无故富贵、面目佼好则使之,岂必智且有慧哉。若使之治国家,则此使不智慧者治理国家也,国家之乱即可得而知已"。随着对智慧研究的深入,呈现出从零散、不成体系向整体、系统专门研究与从哲学领域扩展到了心理学等领域的研究趋势。前者典型的有我国著名哲学家冯契的"智慧学说"等;后者典型的有埃里克森的"智慧理论"、斯腾伯格(Robert J. Sternberg)的"智慧平衡理论"、德国柏林小组提出的"柏林智慧范式"、罗宾斯(Shani Robins)的"智慧的跨学科整合理论"等。这些研究都承认:智慧是人独有的精神能力,这种能力不仅与知识(主要是产生新思想[4])有关,还与美德、实践维度的生命有关。与关于"智慧"研究一样,对"智能"的研究也有多个角度。知识阈值视角认为,智能是一种在搜索空间迅速找到一个满意解的能力;进化理论则认为,智能是某种复杂系统浮现的性质。人工智能视角认为:智能是使一个实体能够

---

① 刘选、刘革平:《我国智慧教育研究十年:聚焦、困境与突围》,载《成人教育》2024年第2期。

② 北京大学哲学系外国哲学史教研室:《西方哲学原著选读》,商务印书馆,1981年版,第26页。

③ [古希腊]亚里士多德:《形而上学》,吴寿彭译,商务印书馆1981年版,第33页。

④ 余华东:《论智慧》,中国社会科学出版社,2005年版,第3页。

在其环境中适当地、有预见性地运作的能力①。可见,智能是指一种运作复杂系统获取知识的能力,而这个能力并非人独有,也可以是人工的即人工智能。

由上,"智慧"与"智能"尽管在知识能力方面存在交集,但两者至少有这样的两点区别:一是,智慧为人独有,而智能则不是;二是,智慧还关涉美德、实践维度的生命,而智能只关涉知识能力。即便是"智慧"与"智能"在知识能力方面存在交集,但细究的话也存在着不同:前者的知识能力与思维创新有关,而后者的知识能力与复杂系统有关。由此可进一步地讲,智慧会产生现有知识阈值外的知识,而智能则不能。

从上述关于"智慧"与"智能"的辨析中可以知道,智慧教育与(人工)智能教育之间关系更像是目的与手段。具言之,智慧教育指向的是教育者通过借助智能设备等实施教育教学活动或过程来实现教育目的,而(人工)智能教育指向的是教育形态,即借助智能设备等教育教学活动或过程的教育形态②。由此可以判断,将第一种进路中的"智慧教育"视为智慧教育并非不可取,因为该种进路目的是提高教育教学效率与教育教学质量,而这一目的是教育目的应有之义是毋庸置疑的。也就是说,第一种进路中的"智慧教育"与第二种进路中的"智慧教育"不同之处在于:前者的教育目的落脚于教育教学,而后者的则落脚于受教育者。

---

① 刘选、刘革平:《我国智慧教育研究十年:聚焦、困境与突围》,载《成人教育》2024年第2期。

② 有学者指出,智能教育包括"智能技术支持的教育""学习智能技术的教育"和"促进智能发展的教育"等三方面的内涵。可见,将智能教育视为教育形态是合理的。见祝智庭、彭红超、雷云鹤:《智能教育:智慧教育的实践路径》,载《开放教育研究》2018年第4期。

二、关于学界对"教育信息化"等论述的简要介评

从概念产生的时间看,由于"信息化"(Informatization)产生的时间早于"数字化"(Digitalization)①,从而可以推断"教育信息化"早于"教育数字化转型"出现。无论是"教育信息化"的概念还是"教育数字化转型"的概念之被提出,都与信息技术与教育融合有关。正如布莱恩·阿瑟所言:"我们无法抛弃技术而去谈时代,因为技术总比其他任何事物都更能代表一个时代的特征。我们活在技术的潮流之中,时代的更迭与技术的发展息息相关。"②因此,想要理解"教育信息化"与"教育数字化转型"的不同,就得将导致它们产生的信息技术量联系起来。

"信息化"概念提出的时间(20世纪60年代)是电子计算机和网络信息技术开始大规模应用生产生活的时候。于是,在此背景下的"教育信息化"概念自然会打上电子计算机和网络信息技术的烙印。电子计算机和网络信息技术与之前的所有技术相比,最显著的优势是信息交换突破了时空的限制。"信息这个名称的内容就是我们对外界进行调节并使我们的调节为外界所了解时而与外界交换来的东西。接收信息和使用信息的过程就是我们对外界环境中的种种偶然性进行调节并在该环境中有效地生活着的过程。现代生活的种种需要及其复杂性对信息过程提出了前所未有的高度要求……所谓有效地生活就是拥有足够的信息来生活。"③从信息的角度看,教育教学活动可以被视为是信息交换的过程。然而,这种信息交换过程只有

---

① "信息化"一词是在20世纪60年代提出的,而"数字化"一词则是在20世纪90年代提出的。

② [美]布莱恩·阿瑟:《技术的本质——技术是什么,它是如何进化的》,曹东溟、王健译,浙江人民出版社,2014年版,第51—55页。

③ [美]N.维纳:《人有人的用处——控制论和社会》,陈步译,商务印书馆,1989年版,第9页。

在特定时空中的教育者和受教育者之间才能完成。从信息交换的角度看,这种信息交换过程无疑是低效率的。而造成低效率的根本原因之一就是受时空限制。电子计算机和网络信息技术的出现特别是在教育领域的应用带来的后果之一当然包括:表征为信息交换过程的教育教学在电子计算机和网络信息技术的加持下突破时空限制,从而更加高效。因此,在这个以之讲,"教育信息化"这个概念至少包含这样两方面的内容:电子计算机和网络信息技术的加持和教育学教学信息的高效交换。

"数字化"的概念提出的时间(20世纪90年代)晚于"信息化"概念提出的时间。从"信息化"概念到"数字化"概念先后被提出的一个基本历史事实是:旧时王谢堂前燕的"电子计算机和网络信息技术"飞入寻常百姓家。此时,有学者如尼葛洛庞帝(Nicholas Negroponte)敏锐地意识到人类社会形态将会从现在的原子世界转变为比特世界。比特(BIT,Binary digit)是计算机专业术语。由于电子计算机存储和输出信息的方式是数据,数据则采用"0"和"1"表示,于是比特除了表示信息量单位外,还可以表示以二进制信息单元"0"和"1"形式存在于电子计算机和由地理位置不同且功能相互独立的电子计算机连接而成的互联网之中的数据。因此缘故,比特世界可以指数据世界。

数据世界形成前提条件之一是存在海量的数据。而海量数据的存在必要条件是量化一切成为可以用比特表示的数据,即数据化。"数字化带来了数据化,但数字化无法取代数据化。数字化是把模拟数据变成计算机可读的数据,和数据化有本质上的不同"[1]。根据上

---

① ［英］维克托·迈尔-舍恩伯格、肯尼思·库克耶:《大数据时代:生活、工作与思维的大变革》,盛杨燕、周涛译,浙江人民出版社,2012年版,第109页。

面所述,"数字化"的概念并没有摆脱"信息化"的窠臼。但"数字化"概念的提出预示着未来人类会把聚光灯打向"D"(数据)而不是"I"(信息)上。或许因为如此,加之路径依赖,"数字化"在当前可以说是与"数据化"同义。

尽管在当前"数字化"与"数据化"同义,但具体到"教育数字化"还是有学者将其归入"教育信息化"的范畴。将"教育数字化"归入"教育信息化"范畴一个比较典型的做法是,有的学者在梳理教育信息化发展的历史基础上提出了"教育信息化的发展阶段:数字教育"的看法。持该看法的学者指出在教育信息化的发展阶段,中国的实际情况是:

> 这一时期,随着计算机的广泛运用及网络的普及,计算机辅助教学、网络教育产生,这一时期人们主要是借助计算机进行部分教学活动,并且数字教育主要广泛运用于成人教育等非正规教育,尽管一直在提倡建设数字校园,但是真正建成数字校园的学校寥寥无几,教育技术在教育领域的运用浮于表层,只是实现了形式上的教育信息化。这一时期,主要的教学模式仍然是传统教学模式,数字教育只是起了一定的辅助教学作用,并且由于计算机终端设备及互联网技术的限制,数字教育的应用范围非常狭窄,教学效果的提升也并不显著。①

不同于"教育数字化"可以指向"信息化",学界在"教育数字化转型"这一概念仅指向"数字化"方面已达成共识。然而,学界关于

---

① 徐晔、黄尧:《智慧教育:人工智能教育的新生态》,载《宁夏社会科学》2019 年第3 期。

"教育数字化转型"的内涵并未达成共识,主要原因是关于"数字化转型"的内涵没有达成共识①:有的学者认为是策略或方法②,而有的学者认为是范式改变③。国内的学者关于往往依据美国高等教育信息化协会(EDUCAUSE)对数字化转型的界定——"通过文化、劳动力与技术深入且协调一致的转变实现优化和转变机构运营、战略方向与价值主张的过程"④——来定义"教育数字化转型",即"教育数字化转型指的是将数字技术整合到教育领域的各个层面,推动教育组织转变教学范式、组织架构、教学过程、评价方式等全方位的创新与变革,从供给驱动变为需求驱动,实现教育优质公平与支持终身学习,从而形成具有开放性、适应性、柔韧性、永续性的良好教育生态"⑤。

由上可知,"教育信息化""教育数字化"和"教育数字化转型"这些概念由于产生的时代背景不同,从而各自的内涵有所差别。但有一点是可以肯定的:无论前述哪个概念,它们的内核都与信息或数字技术有关。申言之,从"教学信息化"概念到"教育数字化"概念再到"教育数字化转型"概念的嬗变,表明的是在相关技术的加持下,教育

---

① Morakanyaner, Grace A, O'reilly P. "Conceptualizing digital transformation in business organizations: a systematic review of literature": Proceedings of the 30th Bled Econference: Digital Transformation from Connecting Things to Transforming Our Lives [C]. Bled: Bled Econference Press, 2017.

② Cichosz M, Wallenburg C M, Knemeyer A M. Digital transformation at logistics service providers: bariers, success factors and leading practices [J]. The international journal of logistics management, 2020, 31(2): 209—238.

③ Marey, A. Digitalization as a paradigm shift [EB/OL]. https://www.beg.com/ru-w/aboutbeg-review/digitalization.aspx.

④ Christopher D B. Mccormack M. Driving digital transformation in higher education [EB/OL]. https://library.educause.edu/resources/2020/6/driving-digital-transformation-in-higher-education.

⑤ 祝智庭、胡姣:《教育数字化转型的实践逻辑与发展机遇》,载《电化教育研究》2022年第1期。

从信息驱动向数据驱动转变。

在此还需要特别指出一点,那就是前面所介绍的被视为是教育信息化的发展阶段的"数字教育"并非本书探讨的"数字教育"。本书探讨的"数字教育"是习近平总书记在中共中央政治局第五次集体学习时强调的"进一步推进数字教育,为个性化学习、终身学习、扩大优质教育资源覆盖面和教育现代化提供有效支撑"中的"数字教育"。在该重要讲话中,习近平总书记首先指出:"党的十八大以来,党中央坚持把教育作为国之大计、党之大计,作出加快教育现代化、建设教育强国的重大决策,推动新时代教育事业取得历史性成就、发生格局性变化。我国已建成世界上规模最大的教育体系,教育现代化发展总体水平跨入世界中上国家行列。"①教育现代化内在要求教育数字化。教育数字化当然离不开数字技术的加持,而当前数字技术核心是数据而非信息。由此,本书探讨的"数字教育"绝不是可以归入"教育信息化"范畴的"数字教育"。也就是说,本书探讨的"数字教育"与学界已经述及的"数字教育"不是一回事。因此,从学理上厘清本书探讨"数字教育"内涵不仅是必要的也是必需的。

第二节　本书中的"数字教育"②

承上所述,本书探讨的"数字教育"是前述习近平总书记关于建设教育强国重要讲话中的"数字教育"。习近平总书记关于建设数字强国的重要论述是习近平总书记教育重要论述不可或缺的重要组成

---

① 习近平:《论教育》,中央文献出版社,2024年版,第228—229页。

② 出于行文的简洁,在本书后面的论述中未作特别说明,数字教育皆指本书研究的"数字教育"。

部分。习近平总书记教育重要论述形成的一个时代背景是"世界多极化、经济全球化、社会信息化、文化多样化深入发展,各国经济社会发展相互联系和依存日益加深,全球治理体系和国际秩序变革加速推进,新一轮科技革命和产业革命正在重构全球创新版图、重塑全球经济结构,以互联网、大数据、云计算、量子卫星、人工智能为代表的现代科学技术正深刻改变着人类的思维、生产、生活和学习方式"①。由此可知,本书中探讨的"数字教育"中"数字"应该是"教育数字化转型"中的"数字",指向的是"数据"。因此,想要厘清"数字教育"的基本内涵,必须立足于前面所述的习近平总书记教育重要论述形成的时代背景。

一、理解数字教育基本内涵的维度

"任何概念都拥有自身的历史,它们不能抵抗时代的变化。"②于是,概念是时代的提示器。从概念的历史角度看,数字教育是伴随着数字技术在教育领域应用产生的一个概念。因而,追问数字教育这个概念为何会产生的原因实质上就是回答数字技术为何会应用于教育领域。根据以往技术在教育领域应用的经验,一项新的技术应用于教育领域的根本原因是该项技术有助于教育教学。所谓的有助于教育教学,简单地讲,就是该技术能够或者说是有助于解决某一(些)教育教学的难点或(和)痛点问题。就当前我国教育教学而言,往宏观层面讲,"人们对更好更公平教育的需要和教育不平衡不充分的发展现实问题,是我国当前教育领域必须着力解

---

① 本书编写组:《习近平总书记教育重要论述讲义》,高等教育出版社,2020 年版,第3—4 页。

② [德]魏德士:《法理学》,丁晓春、吴越译,法律出版社,2005 年版,第81 页。

决的主要矛盾"①,而往微观层面讲是供给驱动教育范式②盛行。实际上,我国教育教学微观层面存在的难点或(和)痛点问题是宏观层面存在的难点或(和)痛点问题之反映。这是因为,供给驱动教育范式表征之一是采用标准化、统一化的教学模式③,而该种教学模式存在的背景是我国教育发展存在区域、城乡与校际的差距这一不争的事实。然而,从全球看"以学习者为中心,注重能力培养,促进人的全面发展,倡导全民学习、终身学习、个性化学习的理念日益深入人心"④;从受教育者角度看,他们存在差异既是一个不争的也是一个无法改变的事实。因此,可以说,当前我国在教育教学方面存在最大的难点和痛点就是根植于教育不平衡不充分的发展供给驱动教育范式与受教育者和学习者的教育学习之间不可避免的紧张。

既然当前我国在教育教学方面存在最大的难点和痛点是根植于教育不平衡不充分的发展供给驱动教育范式与受教育者和学习者的教育学习之间不可避免的紧张,那么按照想当然的逻辑数字教育概念出现要么是认为要么是寄希望于其能解决前述难点和痛点。无论出于何种主观愿望,都反映出了人们希望前述难点和痛点得以解决。由此可以说,数字教育概念的提出与解决前述难点和痛点有关。因此,可以说,想要厘清数字教育的基本内涵要与前述难点和痛点联系起来。

---

① 本书编写组:《习近平总书记教育重要论述讲义》,高等教育出版社,2020 年版,第135 页。

② 祝智庭、胡姣:《教育数字化转型:面向未来的教育"转基因"工程》,载《开放教育研究》2022 年第 5 期。

③ 袁振国:《教育数字化转型:转什么,怎么转》,载《华东师范大学学报(教育科学版)》2023 年第 3 期。

④ 本书编写组:《习近平总书记教育重要论述讲义》,高等教育出版社,2020 年版,第4 页。

教育得以实施的最为关键要素应该是两个,即教育者与受教育者。这是因为教育本质上就是教育者向受教育者传授知识、技艺等活动。这意味着教育者与受教育者是教育不可或缺的要素。由此反向推之可得,教育者与受教育者之外的要素之于教育并不是不可或缺的。对于该结论,或许有人会提出不同的看法:确保教育活动得以开展的空间载体(主要是学校)也是不可或缺的。因为"教育目的通过各方面的教育和学校的各项工作来落实"①。这一看法,无论是从过去的教育史还是从当前的教育实际情况看都能够得到确证。然而,如果从未来的发展来看,这一看法并非也能得到确证。学校等这一空间载体在性质属性上是物理性的存在。从属性看,空间既有物理性空间也有虚拟性空间。这两种不同属性的空间皆是当前人类生存的空间,而且从发展趋势看,后者之于人类生存的重要性日益增加。由此可知,如果未来虚拟性空间载体可以取代学校等物理性空间载体,那么学校等对于教育而言必然会成为可以或缺的因素。

导致学校等物理性空间载体由不可或缺的因素变为可以或缺的因素最主要的原因,是数字技术的出现及其在教育领域应用这一尽人皆知的原因。实现信息存储与输出的计算机技术与实现信息可以不受时空限制地传输与交换的网络技术这两个数字技术的底座技术的出现,帮助人类开始摆脱信息传输、交换等活动受物理性空间的制约。前面已述及,教育者是教育不可或缺要素之一。教育者日常生活中往往等同于"教师"。"师者,所以传道受业解惑也"。无论是传道授业,还是解惑,在本质上都是教育者与受教育者之间的信息传递活动。在物理性空间中,教育者与受教育者之间的信息传递主要是发生于学校等物理性空间载体之中。由于学校等物理性空间载体容

---

① 金一鸣:《教育原理》(第二版),高等教育出版社,2002年版,第231页。

量的有限性等导致教育者与受教育者之间的信息传递具有特定性。一方面,是由于教育者与受教育者的特性;另一方面,两者之间信息传递发生于特定的时空中。这必然会导致受教育者主要是在特定的时空中从特定教育者那获得知识、技艺等。基于教育者数量少于受教育者的常态这一客观事实,在物理性空中的教育活动最终都会演化为教育者中心地位。教育者中心地位意味着教育者难以做到因材施教。一旦教育者做不到因材施教,但又要实现教育目的,那么受教育者只能被称为至少在观念中没有差别的"同一者"。由此,教育者采取统一的形式向特定时空中的特定受教育者传递的信息是必然的。这种教育模式被有的学者概括为"供给驱动教育范式"①。

在供给驱动教育范式下,教育教学更多指的是基于学校为载体开展的教育教学。在基于学校为载体的教育教学难以甚至是不能打破课程、书本、班级、专业等限制。在这种教育教学模式下,受教育者的个体差异性显然会被忽视,不能成为独特的"这一个"。既然受教育者的个体差异性不被重视,那么他们真正的教育学习的需求必然会或多或少地得不到满足,甚至会抑制本来的教育学习的需求。毋庸置疑也无须赘言,无论从经济社会发展还是人的全面发展的角度看,基于学校为载体的教育教学模式是不合时宜的,是亟须改变的。但是,如果冷静地思考,基于学校为载体的教育教学之所以能够较长时间内在我国大行其道,必然有支持其存在的深层次原因。这个深层次原因无论作何解释,都会与时空限制有关,因为学校是物理性的存在。在时空限制下,受教育者只能在特定时空中从特定的教育者那获得知识、技能等。"教育公平是社会公平在教育领域的集中体

---

① 祝智庭、胡姣:《教育数字化转型:面向未来的教育"转基因"工程》,载《开放教育研究》2022 年第 5 期。

现。教育是人民获得发展自身、奉献社会的机会和能力的重要前提。教育公平是社会公平的重要方面"也是"实现社会公平的重要手段"①。平等是公平形式体现。于是,基于学校为载体的教育教学模式还可以体现为标准化、统一化。如果基于学校为载体的教育教学模式一旦过分地追求标准化、统一化,受教育者的个性需求必然不彰,由此带来的后果之一是因为受教育者的想象力、发散思考能力、创造创新能力等被压制而不利于受教育者成长成才,从而广受社会诟病②。因此,可以说,造成当前我国教育存在最大的难点和痛点原因必然与时空限制相关。

厘清数字教育基本内容已如前面所述,要与当前我国教育存在最大的难点和痛点联系起来,而造成这个最大的难点和痛点的是时空限制。基于此,可以推断出数字教育的提出与其能够突破时空限制有关。空间是一种社会存在,"其本身也许是原始赐予的,但空间的组织和意义却是社会变化、社会转型和社会经验的产物"③。时间

---

① 本书编写组:《习近平总书记教育重要论述讲义》,高等教育出版社,2020年版,第147—148页。

② "据媒体报道,近日,一位母亲在网上分享了孩子的数学试卷,其中一道题目给出了一个病人的体温记录统计图并提问:'从以上统计图中,你还能得到什么信息?'学生答道:'这个病人快好了。'该答案被扣掉了4分。对此,全网医生为这名小学生呼吁,表示'孩子没说错,请把这4分还给他'"。针对该事件,2024年7月9日中新网发表的评论指出:"全网呼吁把分数还给孩子,要求还的实则是孩子的想象力。小小的四分之所以能让许多医生联名呼吁,是因为填鸭式的教育思维束缚了学生的想象力和发散思考能力,引发了人们的反感和抗拒,也是因为人们对基础教育有着更高的期待——给予孩子们独立思考和表达的空间,为他们创造一个更加具有开放性、包容性和创造性的学习和应试环境。""在命题愈加体现素质教育导向的今天,教育工作者也应积极转变思维,在一道题目、一份作业、一张考卷中向孩子们传递以人为本的教育理念。"中国新闻网,https://www.chinanews.com.cn/m/sh/2024/07-09/10248266.shtml,最后访问日期:2024年10月25日。

③ [美]爱德华·W.苏贾:《后现代地理学——重申批判社会理论中的空间》,王文斌译,商务印书馆,2004年版,第121页。

是存在的时间。就目前来看,最早帮助人类突破时空限制的是互联网技术。而大数据、人工智能、云计算、区块链等数字技术都是以互联网技术为基础,从而具有了突破时空限制的优势。前述数字技术与单纯的互联网技术相比,智能化是它们最突出的特征。智能化意味着可以不受时空限制地满足人们的个性化需求。这无疑与人们的教育教学期待是高度切合的。由此,人们必然会认为且实际上也会将前述数字技术应用于教育来解决当前我国教育存在最大的难点和痛点。由此,在此社会语境下提出"数字教育"必然承载了人们数字技术与教育融合来实现每个受教育者学习者的个性化教育学习需求得到满足的期待。这种期待意味着在数字技术的加持下,教育形态的重塑:受教育者学习者可以基于自己需要随时随地从不特定的教育者那获得知识、技能等。如果硬要说数字教育是一个概念,那么这个概念也是反映数字技术重塑教育形态的概念。即便如此,我们也可以从中知道,数字教育的基本内涵要从数字技术与教育形态重塑这两个维度去理解。

二、数字教育的内容

既然数字教育的基本内涵要从数字技术与教育形态重塑这两个维度去理解,那么立足于前述两个维度探讨出的数字教育应当包含内容则意味着将数字教育的基本内涵给揭示出来了。

(一)数字技术维度下的数字教育内容

从数字技术的维度看,数字教育离不开数字技术的加持。这决定了数字教育必须建立在确保其存在与发展的数字基础设施基础上。于是,数字基础设施的建设是数字教育的一个内容。当然,数字基础设施对于数字教育而言,它只是必要而非充分条件。数字教育的充分条件是教育者、受教育者、学习者,因为如果他们不具备使用数字技术的技能和正确地使用数字技术的素养,数字教育要么因为数字技术的优势得不到真正使用而大打折扣,要么因为数字技术赋能教育的初心被异化而变质。申言之,教育者、受教育者、学习者的数字技能与素养是确保数字教育存在与发展的关键因素。于是,教育者与受教育者、学习者的数字技能与素养提升是数字教育必不可少的内容。教育者、受教育者、学习者的数字技能与素养提升的目的是确保数字技术推动教育发展,进而造福人类。数字技术与其他技术一样,一旦滥用、恶用,非但不能推动教育发展,反而会祸害人类。为了避免数字技术被滥用、恶用,确立相应的标准和完善伦理规范不可或缺。因此,数字教育标准与伦理规范的建立健全也是数字教育的内容之一。

概而言之,在数字技术维度下,数字教育的内容应当包括数字基础设施的建设、数字技能与素养提升、数字教育标准与伦理规范的建立健全等。

(二)教育形态重塑维度下的数字教育内容

前面已述及,数字教育重塑教育形态体现为:受教育者可以基于自身需要从不特定的教育者那获得知识、技能等,且不受时空的限制。这意味着教育范式不再是供给驱动教育范式,而是需求驱动教育范式。受教育者学习者需求是多元与多变的。这意味着受教育者、学习者会基于不同的教育需求结成不同的学习社区。不同学习社区需求的教育资源自然不同。然而,当前与供给驱动教育范式相适配的教育资源与受教育者的分布都具有时空的限制性。这种时空界限性导致教育资源的弱开放性与教育资源供给的弱协同性。因此,数字教育对教育形态的重塑必然落脚于实现教育资源的开放与供给的协同。

教育资源开放的实现势必要求教育资源数字化,即教育资源变成教育数据,因为只有这样才能突破时空的限制。在这个意义上讲,教育资源的开放实质上就是教育数据的开放。教育数据开放的目的是满足不同受教育者的不同学习需求或者说是"因材施教"。但该目的的实现并不会因为教育数据开放而实现,因为不同的受教育者学习者的教育资源需求及程度的不同决定了不同的教育者必须协同创新地向受教育学习者供给教育资源。由此可知,从教育形态重塑的角度看,数字教育的内容应当包括教育数据的开放与数字教育的协同创新等。

三、小结

从上面关于数字教育基本内容的论述中不难知道,数字教育能够更好地满足人们在教育方面的需求。习近平总书记于 2012 年 11 月在十八届中央政治局常委同中外记者见面时说的那样:"我们的人民热爱生活,期盼有更好的教育、更稳定的工作、更满意的收入、更可靠的社会保障、更高水平的医疗卫生服务、更舒适的居住条件、更优美的环境,期盼孩子们能成长得更好、工作得更好、生活得更好"①。从前面的论述中可以知道,习近平总书记之所以在中共中央政治局第五次集体学习时强调进一步推进数字教育,与数字教育能够满足人民期盼有更好的教育有关。既然如此,清晰地将数字教育在不同维度层面的内容总括出来是有必要的(表1)。根据总括出来的数字教育内涵,本书将数字教育定义为:在现代教育思想和理论指导下,按照相应标准与伦理规范运用数字技术,通过教育数据开放与协同创新培养和提高学习者数字技能与素养的一种新的教育形态。

---

① 《习近平谈治国理政》第一卷,外文出版社,2018 年版,第 4 页。

第一章　数字教育基本内涵的厘清

表 1　不同维度下的数字教育基本内容表

维度	基本内容
数字技术维度	数字基础设施的建设、数字技能与素养提升、数字教育标准与伦理规范的建立健全
教育形态重塑维度	教育数据的开放、数字教育的协同创新

一如前面所述,厘清数字教育的基本内涵是研究数字教育立法的逻辑起点。行文至此,数字教育的基本内容与定义已经厘清,那么接下来的论述自然是数字教育立法。按照研究的一般规律——"提出问题—分析问题—解决问题",研究数字教育立法首先要解决的问题是为何要进行数字教育立法。数字教育立法,简单地讲就是关于数字教育的立法,核心是数字教育。"问题的答案往往蕴含在问题之中"①。基于此,解答"为何要进行数字教育立法"这个问题,应当从数字教育入手。结合习近平总书记在中共中央政治局第五次集体学习时发表的重要讲话精神可以知道,进一步推进数字教育的最大理由是加快建设教育强国。因此,从数字教育入手解答"为何要进行数字教育立法"问题,当然要将其与教育强国建设联系起来,即数字教育在教育强国中处在什么位置或者扮演什么样角色。这个(些)问题的回答是下一章的主题。

---

① 熊春泉、聂佳龙:《数据驱动型竞争异化风险的法律防控研究》,上海三联书店,2021 年版,第 24 页。

第二章 数字教育:建设教育强国的重要抓手

　　教育之于一个国家一个民族的重要性不言而喻。教育兴,则国家兴民族兴;教育强,则国家强民族强。仅从中华民族发展史中就不难知道,抑或汉唐时期的强盛,抑或近代时期的衰弱,都与教育有着密切的关联。于是,在无比接近中华民族伟大复兴的当下,建设教育强国的重要性与紧迫性是毋庸赘言的。在逻辑上,建设教育强国的方式、路径有很多,但当下言及教育高质量发展,数字技术是不可忽视的,因为它已经对教育产生了影响,而且这种影响正日益凸显。正如上一章所述,本书要论述的"数字教育"正是在此背景下提出的。由此自然地引发了这样的一个思考:数字教育与建设教育强国是否存在联系。无论最终的答案是肯定的还是否定的,有一点是肯定的,那就是判断标准是一样的。也就是说,回答数字教育能否推动教育高质量发展这一问题,首要确定判断标准。习近平总书记在中共中央政治局第五次集体学习时发表的重要讲话中强调:"要坚持把高质量发展作为各级各类教育的生命线,加快建设高质量教育体系",并着重地指出基础教育与高等教育分别是建设教育强国的基点和龙头,以及建设全民终身学习的学习型社会、学习型大国①。于是,回

<hr>

　　① 习近平:《论教育》,中央文献出版社,2024年版,第230—231页。

答数字教育能够推动我国教育高质量发展这一问题,需要具体到数字教育对基础教育、高等教育、全民终身学习的作用。此外,从我国的国民教育体系看,除了包括基础教育和高等教育外,还包括职业教育。更为重要的是习近平总书记在讲话中指出了:"统筹职业教育、高等教育、继续教育,推进职普融通、产教融合、科教融汇,源源不断培养高素质技术技能人才、大国工匠、能工巧匠。"[①]于是,回答数字教育与建设教育强国是否存在联系这一问题,还应当具体到数字教育对职业教育的作用。因此,判断数字教育与建设教育强国是否存在联系的标准就是看其是否有助于推动基础教育、职业教育、高等教育的高质量发展,以及是否有助于建设全民终身学习的学习型社会、学习型大国。

基础教育、职业教育与高等教育的高质量发展最终落脚于这些不同级别不同类型教育的质量和水平之提升。这点从江西省委书记尹弘同志的讲话中得到例证。2023年8月4日江西省委书记尹弘同志在江西省委教育工委、江西省教育厅调研时要求全省教育系统实施科教强省战略"要因势利导、聚焦重点,不断提升各级各类教育质量和水平",并提出"要扎实推进基础教育更加优质均衡""要深化职业教育改革创新"和"要加快推动高等教育内涵特色发展"[②]。建设全民终身学习的学习型社会、学习型大国的出发点和落脚点是实现全民终身学习。因此,进一步地讲,判断数字教育与建设教育强国是否存在联系的标准应该是看数字教育是否有助于提升基础教育、职业教育与高等教育的质量和水平,是否有助于实现全民终身学习。

---

① 习近平:《论教育》,中央文献出版社,2024年版,第231页。

② 江西人民政府网站,https://www.jiangxi.gov.cn/art/2023/8/5/art_395_4561101.html,最后访问日期:2024年10月25日。

第一节　数字教育有助于提升基础教育的质量和水平

一、基础教育作用蕴含的内在要求

基础教育是为全体适龄儿童、青少年终身学习与参与社会生活打下良好基础的国民素质教育。在我国,基础教育是一个动态概念,主要体现为适龄儿童、青少年的界定变动。具言之,在较长的时间内,适龄儿童、青少年主要指的是 6 周岁或 7 周岁到 18 周岁年龄段的儿童、青少年。这一年龄段的儿童、青少年接受的小学教育和普通中学教育(初中、高中)。1986 年《义务教育法》的颁行,以法律的形式规定了"国家实行九年义务教育"①。这意味着从法律角度讲,我国任何适龄儿童、少年都必须完成小学教育和普通中学教育(初中)。此外,随着我国经济发展和人民收入水平的提高,学前教育越来越被重视与普及。在此背景下,适龄儿童、青少年的受教育年龄往前提到 3 周岁左右②。由于前述原因,在我国关于基础教育的看法产生了仅指九年义务教育的狭义基础教育概念、涵盖小学教育和普通中学教育的基础教育概念和囊括学前教育的广义基础教育概念。从基础教育的发展趋势看,广义基础教育是未来的必然③。但就我国当前实际情况看,基础教育更多指的是小学教育和普通中学教育。

无论基础教育概念的外延是怎样的,但有一点是确定的,即基础教育是建设教育强国的基点,"对提高中华民族素质、培养各级

---

① 1986 年的《义务教育法》第 2 条规定:"国家实行九年制义务教育。省、自治区、直辖市根据本地区的经济、文化发展状况,确定推行义务教育的步骤。"

② 《学前教育法》第 2 条第 2 款规定:"本法所称学前教育,是指由幼儿园等学前教育机构对三周岁到入小学前的儿童(以下称学前儿童)实施的保育和教育。"

③ 《学前教育法》第 3 条规定:"国家实行学前教育制度。学前教育是国民教育体系的组成部分,是重要的社会公益事业。"

各类人才,促进社会主义现代化建设具有全局性、基础性和先导性作用"①。基础教育的全局性作用体现为对象是全体适龄儿童、青少年,但由于任何一个成年的国民都会经历儿童期与少年期,从而最后的结果全体成年的国民至少都接受了基础教育。基础教育的基础性作用体现为其能为成年的国民未来接受更高层次的教育和终身学习奠定良好的基础。基础教育的先导性作用体现为其是面向未来的事业,"从根本上影响和决定了一个国家和民族的前途命运"②。基础教育所具有的全局性、基础性和先导性作用,至少意味着:

第一,必须高度重视基础教育的发展。鉴于"教育是提高人民综合素质、促进人的全面发展的重要途径,是民族振兴、社会进步的重要基石,是对中华民族伟大复兴具有决定性意义的事业"③,党的十八大以来,习近平总书记高瞻远瞩地提出了"始终把教育摆在优先发展的战略地位"的论断。这一论断虽然不是针对基础教育的,但从中不难知道重视作为我国教育重要组成部分的基础教育的意义。退一步,即便是仅从基础教育的全局性、基础性和先导性作用,也不难得出同样的结论。因此,基础教育的全局性、基础性和先导性作用必然意味着必须高度重视基础教育的发展。

第二,让全体适龄儿童、青少年公平地接受基础教育。基础教育与职业教育、高等教育最大不同之处是受教育者涵盖面的全体性(至少在基础教育是这样的)。这种全体性不仅仅要求实现全体适龄的

---

① 载中华人民共和国中央人民政府网站,https://www.gov.cn/gongbao/content/2001/content_60920.htm,2024 年 10 月 25 日。

② 本书编写组:《习近平总书记教育重要论述讲义》,高等教育出版社,2020 年版,第79 页。

③ 习近平:《论教育》,中央文献出版社,2024 年版,第 71 页。

儿童、青少年接受基础教育,而且还要求适龄儿童、青少年能公平地接受基础教育。教育公平是社会公平的重要基础,是实现共同富裕的重要抓手。基础教育的全局性、基础性和先导性作用都能指向教育公平。因此,基础教育的全局性、基础性和先导性作用必然意味着让全体适龄儿童、青少年公平地接受基础教育。

无论是"必须高度重视基础教育的发展"还是"让全体适龄儿童、青少年公平地接受基础教育"指向的都是:要满足全体适龄儿童、青少年接受基础教育且接受的是高质量的基础教育之需求。这一指向必然内在要求要不断提升基础教育的质量和水平,因为只有这样全体适龄儿童、青少年才能接受高质量的基础教育。

二、当前我国基础教育存在的问题

党和国家高度重视包括基础教育在内的教育事业。在党和国家的高度重视下,我国的基础教育(特别是近十年)取得了长足的进步(见表2)。但在看到我国基础教育取得的成绩同时,也应当看到我国基础教育存在的问题,其中突出的主要是:其一,"普及学前教育①与高中阶段教育任务艰巨";其二,基础教育发展"在区域、城乡、校际及人群之间存在明显差距"②。前述两个突出的问题中,后一个问题是最受社会关注以及要求改变呼声最强的。这是因为前一个问题的解决需要大量的财政投入,但正如2014年9月9日习近平总书记在同北京师范大学师生代表座谈时的讲话所说:"我国经济总量虽然已经是世界第二,但我国还是世界上最大的发展中国家,还处在社会主义

---

① 需要指出一点的是,随着《学前教育法》的出台与实施,普及学前教育的问题将会得到解决。

② 教育部课题组:《深入学习习近平关于教育的重要论述》,人民出版社,2019年版,第70页。

初级阶段"①,目前我国综合国力还不能支持高中阶段教育的完全普及。后一个突出的问题是我国基础教育发展不平衡的体现。这种不平衡主要是由基础教育资源的分配不均衡和配置效率低下所导致②。

表2　2013—2023年学前教育毛入园率③、九年义务教育巩固率④和高中阶段教育毛入学率⑤表

	2013 年	2014 年	2015 年	2016 年	2017 年	2018 年
学前教育毛入园率	67.5%	70.5%	75.0%	77.4%	79.6%	81.7%
九年义务教育巩固率	92.3%	92.6%	93.0%	93.4%	93.8%	94.2%
高中阶段教育毛入学率	86.0%	86.5%	87.0%	87.5%	88.3%	88.8%
	2019 年	2020 年	2021 年	2022 年	2023 年	
学前教育毛入园率	83.4%	85.2%	88.1%	89.7%	91.1%	
九年义务教育巩固率	94.8%	95.2%	95.4%	95.5%	95.7%	
高中阶段教育毛入学率	89.5%	91.2%	91.4%	91.6%	91.8%	

数据来源:根据教育部网站发布的2013—2023年全国教育事业发展统计公报整理所得。

---

① 习近平:《论教育》,中央文献出版社,2024 年版,第 79 页。

② 岳金辉:《省域基础教育资源优化配置研究》,武汉理工大学 2012 年博士学位论文。

③ 学前教育毛入园率指的是学前教育在园(班)幼儿数(不考虑年龄)占 3～5 岁年龄组人口数的百分比。

④ 九年义务教育巩固率指的是初中毕业班学生数占该年级入小学一年级时学生数的百分比。

⑤ 高中阶段毛入学率指的是高中阶段在校生(不考虑年龄)占 15～17 岁年龄组人口数的百分比。

（一）基础教育资源分配不均衡的问题

基础教育的目标实现与发展离不开相应教育资源的支持。简单地讲,教育资源就是教育教学活动实施与目标实现所需的人、财、物、信息等资源,包括但不限于师资、经费投入、教学设备、课程资源。教育资源具有稀缺性、流动性、不均衡性、繁复性、滞后性、公益性等属性①。前述教育资源的属性决定了基础教育资源分配天然地会导致分配不均衡的问题。虽然如此,但这并不能成为忽视该问题的理由;恰恰相反,努力实现教育分布均衡是国家不可推卸的责任。

具体到我国,基础教育资源分配不均衡问题已是不争的事实。然而,造成我国基础教育资源分配不均衡问题的原因,除了教育资源属性的原因外,还与城乡二元结构等有关,仅凭自觉而言,后面的原因似乎是更主要的。城乡二元结构的存在对于基础教育资源分配而言,造成的结果是城市分配到基础教育资源要多于农村。如果硬要说城乡二元结构带来城乡户籍制度能够限制基础教育资源中师资这一最为重要资源之一的流动,从而在某种程度上抑制了基础教育资源在城乡间分配不均衡的扩大。但这并不意味着城乡二元结构不是造成基础教育资源在城乡间分配不均衡的原因。或者有人对此会提出这样的质疑:虽然城乡二元结构是造成基础教育资源在城乡分配不均衡的原因,近些年来随着城乡二元结构被逐渐打破,但是城乡间的基础教育资源分配不均衡问题并未有得到逐渐缓解甚至是进一步扩大了。不可否认,这样的质疑不无道理。但是这样的质疑又禁不起推敲,因为基础教育资源进一步向城市聚集,表面上是城乡收入绝

---

① 岳金辉:《省域基础教育资源优化配置研究》,武汉理工大学 2012 年博士学位论文。

对差距较大导致的,但城乡收入绝对差距较大恰恰因为城乡二元结构的存在。这可以从对党的二十届三中全会决议中的"完善城乡融合发展体制机制"的权威解答得到进一步印证:"城乡融合发展是中国式现代化的必然要求,目标是促进城乡要素平等交换、双向流动,缩小城乡差别,促进城乡共同繁荣发展",而"坚持把县域作为重要切入点,率先在县域内破除城乡二元体制机制"是科学把握完善城乡融合发展体制机制的基本遵循之一①。

在城乡二元结构还未被完全破除的情况下,基础教育资源分配不均衡的问题在未来依然会存在。只是在不同的时期不同的地区会表现形式和程度会有所不同,可以预料的是经费投入、教学硬件等分配不均衡问题会随着我国经济发展和城乡融合发展会得到改善甚至是解决,但师资尤其是优质师资、课程资源尤其是优质课程资源等分配不均衡问题则会相对棘手。

(二)基础教育资源配置效率低下的问题

对于教育而言,如果硬要选出一个最重要的教育资源,那么经费投入应当会大概率当选。这是因为财这一教育资源是人、物、信息等其他教育资源的基础。放眼整个全球,即便是发达国家也不敢宣称它(们)可以做到不存在教育发展经费的问题②,于是"要从教育开支上求得更大的收获,财政资源的总量并不是唯一的决定因素。在许多方面,如何分配财源的方式更为重要"③。基于此就

---

① 《党的二十届三中全会〈决议〉学习辅导百问》编写组:《党的二十届三中全会〈决议〉学习辅导百问》,党建读物出版社:学习出版社,2024年版,第50—51页。

② 根据《人民日报》的报道,美国科罗拉多州从2009年至2018年,亚利桑那州从2008年至2018年分别已经削减了66亿美元和10亿美元的教育经费。载新华网,http://www.xinhuanet.com/world/2018-05/12/c_129870407.htm,最后访问日期:2024年10月25日。

③ 联合国教科文组织国际教育发展委员会:《学会生存:教育世界的今天和明天》,教育科学出版社,1996年版,第69页。

可以说,教育资源高效配置是任何国家都面临的和需要解决的问题。

具体到我国的基础教育资源方面,如果说在本世纪初基础教育资源供给不充分①是因为综合国力的原因导致。随着二十多年的经济发展,我国综合国力有了长足的进步,但并不能因此可以说当前基础教育资源不再像本世纪初那样面临着供给不充分的问题。这从《义务教育法》中就能窥见其中的端倪。1986年《义务教育法》第5条规定:"凡年满六周岁的儿童,不分性别、民族、种族,应当入学接受规定年限的义务教育。条件不具备的地区,可以推迟到七周岁入学",而现行《义务教育法》第11条规定:"凡年满六周岁的儿童,其父母或者其他法定监护人应当送其入学接受并完成义务教育;条件不具备的地区的儿童,可以推迟到七周岁。"将前述两个法条对比不难发现,适龄儿童接受义务教育年龄推迟的前提二十多年来并没有实质性的改变。因此,在我国基础教育资源供给不充分的实际情况下,如何实现高效配置无疑显得尤为重要。

前面所述的城乡二元结构,以及地区经济发展、收入差距等客观原因已经导致了基础教育资源在城乡、地区的分配不均衡。但考核、升学率等原因也在某种程度上进一步扩大了基础教育资源在城乡、地区的分配不均衡。考核、升学率等意味着"竞争",因为在基础教育资源供给不充分的情况下,要得更多教育资源,一个现实的前提是基础教育办得好或学校办得好。由此不可避免地会导致不同地区之间、不同学校之间在基础教育资源(如课程资源)共享至少在主观积极性方面会比较弱。这些资源在现实中不能共享,意味着基础教育

①　2001年10月30日的《团结报》第1版刊发的《农村基础教育现状堪忧》一稿中指出:"就当前我国基础教育的现状看,形势并不令人乐观,特别是在广大农村和贫困地区,更是令人忧虑。"亢振洲:《农村基础教育现状堪忧》,载《团结报》2001年10月30日。

资源配置效率不高。事实上，课程资源等尤其是优质的课程资源在不同地区之间、不同学校之间是普遍不共享已是不争的事实，不然也就不会出现所谓的"学区房""全民鸡娃风潮"等现象。这些现象的存在无不折射出了当前我国基础教育资源尤其是优质的基础教育资源配置现状是低下的。

三、数字教育为解决基础教育的问题提供了可能

如上所述基础教育资源分配不均衡和配置低下的问题的存在有其历史原因，从而实事求是地讲这些问题不可能在短时间就能得到彻底的解决。尽管如此，也不用悲观：往大的方面讲，党的二十届三中全会已就"构建高水平社会主义市场经济体制""构建支持全面创新体制机制""完善城乡融合发展体制机制""健全保障和改善民生制度体系"等做了全面的部署，将为这些问题的解决提供坚实的保障；往小的方面讲，这些问题都指向了基础教育资源中的人、信息等资源，而这些资源比起"物"这一资源来说更具有流动性，决定了至少其中的一部分问题能够解决。既然当前我国对解决导致基础教育中教育资源分配不均衡和配置低下问题的体制机制问题已有安排，那么在此背景下往大的方面去讨论显然是画蛇添足。因此，根据上面的分析如何破解基础教育中存在的问题应当往小的方面着眼。

即便是以 2013 年和 2022 年为例（见表3），也不难发现，经过十多年的持续投入已经差不多能够满足我国基础教育所需的"物"。更为重要的，随着我国经济发展与教育投入，以及受教育人口减少，未来"物"这一基础教育资源完全能够满足基础教育所需。于是，从长远来看，基础教育资源分配不均和配置低下问题定会较少涉及"物"。此外，也是从长远来看，随着党的二十届三中全会提出的改革任务在

2029 年即中华人民共和国成立 80 周年时完成①,基础教育资源分配不均和配置低下问题也会是较少涉及"财"。由此可见,基础教育资源分配不均衡和配置低下问题最为重要的应该是涉及"人"与"信息"这两个更具有流动性的教育资源。

表3　2013 年与 2023 年普通小学、初中和普通高中校舍面积与
设施设备配备达标的学校比例②情况对比表

		2013 年	2023 年
普通小学	校舍面积情况	普通小学(含教学点)校舍建筑面积 62 064.85 万平方米。	小学共有校舍建筑面积 90 451.24 万平方米。
	设施设备配备达标的学校比例情况	体育运动场(馆)面积达标学校比例 51.44%,体育器械配备达标学校比例 52.13%,音乐器械配备达标学校比例 50.13%,美术器材配备达标学校比例 50.09%,科学自然实验仪器达标学校比例 54.19%。	体育运动场(馆)面积达标学校 94.26%,体育器械达标学校 97.44%,音乐器材达标学校 97.22%,美术器材达标学校 97.20%,科学自然实验仪器达标学校 96.93%。
初中	校舍面积情况	初中校舍建筑面积 50 079.41 万平方米。	初中共有校舍建筑面积 81 525.84 万平方米。
	设施设备配备达标的学校比例情况	体育运动场(馆)面积达标学校比例 69.68%,体育器械配备达标学校比例 72.84%,音乐器材配备达标学校比例 70.34%,美术器材配备达标学校比例 70.04%,理科实验仪器达标学校比例 77.57%。	体育运动场(馆)面积达标学校比例 95.94%,体育器械达标学校比例 98.16%,音乐器材达标学校比例 97.93%,美术器材达标学校比例 97.95%,理科实验仪器达标学校比例 97.68%。

① 《中国共产党第二十届中央委员会第三次全体会议文件汇编》,人民出版社,2024年版,第 20 页。

② 设施设备配备达标的学校指的是,体育运动场(馆)面积、体育器械配备达到《教育部卫生部财政部关于印发国家学校体育卫生条件试行基本标准的通知》(教体艺〔2008〕5 号)的相关标准;音乐器材配备、美术器材配备、数学自然实验仪器配备、理科实验仪器配备等达到各省、自治区、直辖市规定的仪器配备相关标准。含小学、初中和普通高中。

		2013 年	2023 年
高中	校舍面积情况	普通高中共有校舍建筑面积 43 560.14万平方米。	普通高中共有校舍建筑面积 70 948.45 万平方米。
	设施设备配备达标的学校比例情况	体育运动场(馆)面积达标学校比例 82.86%,体育器械配备达标学校比例 84.67%,音乐器材配备达标学校比例 82.52%,美术器材配备达标学校比例 82.94%,理科实验仪器达标学校比例 86.02%。	体育运动场(馆)面积达标学校比例 95.01%,体育器械达标学校比例 97.11%,音乐器材达标学校比例 96.57%,美术器材达标学校比例 96.67%,理科实验仪器达标学校比例 96.85%。

数据来源:根据教育部网站发布的 2013 年与 2022 年全国教育事业发展统计公报整理所得。

基础教育资源中的"人"与"信息"之所以被社会重视,是因为它们可以影响向受教育者提供的课程资源等是否优质以及优质的程度。就当前中国基础教育而言,优质的师资与课程资源等是稀缺的,这已是不争的事实。而这些稀缺的优质师资与课程资源等在一定程度上能够决定受教育者的未来发展的认识已成为社会一种共识。这种共识的背后蕴含的潜台词逻辑是:能否获得以及获得多少的优质师资与课程资源等是影响成绩的关键因素(之一),而成绩则决定着未来能否上好的高中、大学等,上好的高中、大学等则意味着获得好的工作,有好的工作可以有好的人生。对这一逻辑进行倒推则会得到这样耳熟能详的"结论":不能享受好的师资与课程资源的孩子会输掉整个人生。虽然说优质的师资与课程资源等与基础教育受教育者的未来发展没有必然的因果关系,但两者间的高度相关关系却又是客观的事实。于是,前述逻辑虽然不能完全成立,但在现实中却有"市场"。因此,在当前我国基础教育资源分配不均衡和配置低下问题中,广受社会关注与讨论的是其中的优质的师资与课程资源等分配不均衡和配置低下的问题。

无论是对优质的师资的关注与讨论，抑或对优质的课程资源的讨论，还是对两者的关注与讨论最终更多是落脚于优质的课程资源。于是，办好人民满意的基础教育，首要要解决的是优质课程资源分配均衡与配置低下的问题。如前所述，数字教育的内容包括教育数据的开放和数字教育的协同创新。教育数据的开放意味着不同地区、不同学校的教育者和受教育者可以共享本地区甚至是本地区之外的课程资源。数字教育的协同创新意味着基础教育受教育者可以突破地域、学校等限制享受更多的高水平师资的教育服务。事实也确是如此。以我们调研过江西省南昌县某乡的一所小学为例。该小学1～6 六年级八个班，学生 240 余人，教师 20 余名（大多数老师所学的专业是语文和数学等师范专业，多年教学课程与所学专业一致）。生师比尽管比国家平均水平还要低，但较为普遍存在英语、体育、美术、音乐等课程老师缺乏的问题。在此情况下，该校多年教语文（她所学的专业语文教育）课程的涂老师"跨界"的承担三年级的英语课程教学任务。据了解，出生于 20 世纪 80 年代末的涂老师初中才学英语，受当年农村英语教师等限制，她认为学的是"哑巴英语"，发音并不标准。为了让学生英语单词发音不受其影响，借助了赣教云中的数字化资源练习英语单词发音。经跟踪旁听发现，学生英语单词发音普遍较标准。因此，可以说，无论是教育数据的开放还是数字教育的协同创新都能为解决优质课程资源分配均衡与配置低下的问题提供可能。

优质课程资源分配均衡与配置低下的问题得以解决，至少就当下的我国基础教育而言意味着基础教育的质量和水平的提升。基于此，可以说数字教育有助于不断提升基础教育的质量和水平。

第二节　数字教育有助于提升职业教育的质量和水平

一、职业教育作用蕴含的内在要求

从宏观的角度看,受教育者(应当)接受教育的原因很多,比如提升国民整体素质、推动社会经济发展等。然而,如果仅从受教育者的角度,或许最直接的原因与就业和民生有关。例如,现行《职业教育法》第3条规定:"职业教育是与普通教育具有同等重要地位的教育类型,是国民教育体系和人力资源开发的重要组成部分,是培养多样化人才、传承技术技能、促进就业创业的重要途径。国家大力发展职业教育,推进职业教育改革,提高职业教育质量,增强职业教育适应性,建立健全适应社会主义市场经济和社会发展需要、符合技术技能人才成长规律的职业教育制度体系,为全面建设社会主义现代化国家提供有力人才和技能支撑。"可见,在我国职业教育被定位为与经济社会发展最为密切、与就业和民生最为直接的教育类型。既然职业教育与就业和民生最为直接,那么不难知道职业教育的发展势必会对就业和民生的状况产生直接甚至是决定性的影响,进而对整个经济社会发展产生影响。

从就业和民生的角度看,虽然劳动技能等不是影响国民能否就业以及就业后获得多少收入的唯一因素,但谁都不能否定它的重要性。从职业教育中获得劳动技能等,优质的职业教育是基础,这是一个不争的事实。从整体而言,优质的职业教育将会培养更多的掌握一定劳动技能等的人才。这些人才显著的特征是因为掌握更多或(和)更精的劳动技能等,从而能够更好地满足经济社会发展的需求。这种需求的满足,一方面体现为广需求面的满足,另一方面体现为高需求要求的满足。在逻辑上,广需求面的满足意味着这些人才拥有较强的抵御因单一技术被淘汰等原因而处于较长时间失业状态的风险;高需求要求的满足则意味着这些人才拥有较强的抵御因技术不精容易淘汰或被淘汰了而难以获得新的就业机会的危机。失业难以获得新的就业机会最直接的影响是民生的改善。因此,按照此种逻辑不难得出这样的结论:优质职业教育有助于确保职业教育受教育者拥有较稳定就业状态或(和)较强的就业能力,从而就较持续改善民生的能力与机会。

从经济社会发展的角度看,生产者、生产工具和生产关系是生产力和生产方式的重要组成部分。其中,生产者是最活跃的因素,生产工具在生产资料中起着最重要的作用。虽然从理论上区分生产者与生产工具哪个最重要有其必要性①,但从实际情况来看,我们应当追求生产者能够熟练地掌握、运用劳动工具,因为只有这样才能更快更好地推动经济社会的发展。生产者能够熟练地掌握、运用劳动工具意味着是要拥有使用该劳动工具的技术。这一技术的获得,在当前更多是通过职业教育的方式。优质且充足的职业教育供给,造成后果必然是社会拥有更多的熟练地掌握、运用相关劳动工具的技术的生产者。这些生产者掌握的技术在生产中应用,得到的结果必然是经济与社会的进一步发展。

由上可见,职业教育由于与就业和民生,与经济社会发展紧密相关,于是我们基于此有充足的理由提出这样的一个看法:必须努力建设好发展好职业教育。

---

① 熊懿求:《论生产工具在生产力决定生产关系中的主要决定作用》,载《武汉大学学报(哲学社会科学版)》1980 年第 4 期。

二、当前我国职业教育存在的问题

教育部组织编写的《习近平总书记教育重要论述讲义》中关于我国的职业教育有这样的表述:"全社会要树立正确人才观,弘扬劳动光荣、技能宝贵、创造伟大的时代风尚。要牢牢把握服务发展、促就业的办学导向,深化体制机制改革,不断优化职业结构与布局,坚持产教融合,校企合作,坚持工学结合、知行合一。集中力量建成一批中国特色高水平职业院校和专业,创新各层次各类型职业教育模式,引导社会各界特别是行业企业积极支持职业教育。要加大对农村地区、民族地区、贫困地区职业教育支持力度,努力建设好中国特色职业教育体系"①。从这一表述中,至少可以知道我国当前职业教育存在的问题有:其一,正确的人才观尚未真正树立;其二,职业结构与布局需要进一步完善;其三,农村地区、民族地区、贫困地区职业教育支持力度还需加大,等等。"进行法律哲学思考,并非必须对全部的——或大多数的——法律哲学题目——重要的是,要针对典型的题目思考。"②于是,没有必要对我国职业教育存在的问题进行"面面俱到"的描述,实际上前面表述中隐含的问题也并不是全部的。基于此,本书仅对前面提及的第一个和第三个问题进行论述。

(一)正确的人才观尚未真正树立的问题

我国自古崇尚教育,"万般皆下品,唯有读书高"就是最好的例证。但该例证中的"读书"的目的是从政,而所学的是人文道德方面的知识。在这种上千年理念的浸淫下,"德成而上,艺成而下"(《礼记·乐记》)被人们奉为了"圭臬"。随之而来的是对技艺的学习和体

---

① 本书编写组:《习近平总书记教育重要论述讲义》,高等教育出版社,2020年版,第122—123页。

② [德]考夫曼:《法律哲学》,刘幸义译,法律出版社,2003年版,第4页。

力劳动者的鄙视与轻视①。因此,这些人即便是才能出众也不会被认为"人才"。

历史是连续的,犹如一张无接缝的网。正如马克思、恩格斯所言:"历史不外是各个世代的依次交替。每一代都利用以前各代遗留下来的材料、资金和生产力;由于这个缘故,每一代一方面在完全改变了的条件下继续从事先辈的活动,另一方面又通过在完全改变了的活动来改变旧的条件"②。如此,虽然"昨日"已为陈迹,但当下与未来却又或多或少地受"昨日"影响。如果说黄炎培曾言的"鉴于我国今日教育之弊病,在为学不足以致用,而学生之积习尤在鄙视劳动而不屑为,致毕业于学校而实业于社会者比比"③因为距离中国古代较近而说服力不强,那么2024年以中专生身份而质疑姜萍的数学能力④则显然更具有说服力。"凡是合乎理性的东西都是现实的,凡是现实的东西都是合乎理性的"⑤。姜萍的数学能力因中专生身份被质疑,从现实角度看有其存在的理由或者根据。其中,最大的(可能也是最强的)理由或许是职业教育的学历社会认可度不高。当

---

① 古代有"上九流"和"下九流"之说。上九流指的是被认为社会地位最高、最受尊敬的职业群体,包括帝王、圣贤、隐士、童仙、文人、武士、农、工、商。下九流指的是从事各种社会地位低下职业的人,包括师爷、衙差、升秤(秤手)、媒婆、走卒、时妖(拐骗及巫婆)、盗、窃、娼。

② 《马克思恩格斯全集》(第3卷),人民出版社,1960年版,第37页。

③ 张忠政:《黄炎培与中华职业教育社》,载《教育理论与实践》1985年第2期。

④ 2024年涟水中等专业学校学生姜萍在2024年阿里巴巴全球数学竞赛中以第12名的成绩入围决赛。该消息一经报道后,引来了诸多的质疑,其中"打假斗士"的质疑中有这样的内容:"中考数学满分150分,姜萍考了83分。不过这个成绩在其中专班里已经是最高的了"。即便姜萍后来被证实并非大家认为的"数学天才",但由此得出诸如"一个中专生怎么可能数学突出"之类事后诸葛式结论或言论也不可取,因为这些结论或言论中还是包含了职业教育学历不被社会高度认可度的潜台词。网易网,https://www.163.com/dy/article/J5D8A5Q5055633JM.html,最后访问日期:2024年10月25日。

⑤ [德]黑格尔:《法哲学原理》,范扬、张企泰译,商务印书馆1961年版,第11页。

前,尽管近年来"学历贬值"的话题屡见报端,但考研考博人数却屡创新高。这种"反常"恰恰说明了学历尤其是高学历的重要性。这种重要性体现在与社会地位、工资收入、晋升发展密切相关。虽然学历不等于能力已成为普遍的共识,但现实是岗位越有吸引力越要求学历高。按照正常逻辑,通过提升学历可以获得好的岗位。但是现实却又是:像"第一学历"这样在法律和政策上不存在的概念却在现实中大行其道,甚至成为"本科双非"(非985和非211)的硕士毕业生求职的"污点"①。那么,对于所谓"第一学历"是专科等职业教育学历的毕业生来说,似乎无论提升与不提升学历都难以获得心仪的岗位,似乎与人们所言的"好工作"绝缘。在本质上,能否胜任某一岗位看重的是能力而非学历,能力能胜任者自然是人才。而"第一学历"这一伪概念的存在折射出了当前我国尚未真正树立正确的人才观,即认为通过接受职业教育获得一定技能者也是宝贵的人才之观念。

(二)农村地区、民族地区、贫困地区职业教育支持力度还需加强的问题

如果问农村振兴,民族地区与贫困地区发展最需要解决的问题是什么,那一定是人才的问题。虽然说农村振兴,民族地区与贫困地区发展需要的人才是多方面的多层次的,但技术型人才无疑是需求量最大的。解决技术型人才的需求,从逻辑上讲主要有引进、培养和"引培结合"三种路径。其中,靠引进路径解决农村振兴,民族地区与贫困地区发展所需的技术型人才不现实,因为这些地区普遍经济落后,吸引人才的能力较弱。这也就注定了最务实的路径是表征为"培

---

① 法治网,http://www.legaldaily.com.cn/fxjy/content/2023-10/20/content_8916666.html,最后访问日期:2024年10月25日。

养作存量,引进作增量"的"引培"结合路径。

　　既然解决农村地区,民族地区与贫困地区发展所需的技术型人才最务实的路径是表征为"培养作存量,引进作增量"的"引培"结合路径,那么最为重要的自然是培养。培养技术型人才离不开职业教育,因为两者具有高度的契合度。然而,现实的情况却是农村地区,民族地区与贫困地区要么因为经济发展落后,要么因为地理位置偏僻,要么因为前面两者兼有,承担技术型人才培养的职业学校(尤其是中等职业学校)的办学条件、办学质量和水平与经济发达地区相比差距加大。以少数民族地区的中等职业学校为例。即便是 2024 年,有的地处边境的民族地区甚至都没有中等职业学校①,更别说高等职业学校。此外,即使有中等职业学校的民族地区也不同程度地存在"教学设施和条件相对落后"以及"教学内容和方法较为陈旧"②的问题。乡村全面振兴需要职业教育的发展,各民族共同繁荣需要职业教育的发展,实现全体人民共同富裕需要职业教育的发展。总之,无论从何种角度,农村地区、民族地区与贫困地区的职业教育都必须得到发展,只有这才能为这些地区培养所需的技术型人才。

　　显然,农村地区、民族地区与贫困地区的职业教育仅仅依靠这些地区自身力量实现更好更快地发展是不现实的。这需要从国家层面来推进,即加大对这些地区职业教育发展的支持力度。

　　从上述分析中不难知道,当前我国职业教育发展既存在思想认

---

　　① 例如,根据广西壮族自治区教育厅公布的 2024 年度具有中等学历职业教育招生资格学校名单,边境民族地区百色市那坡县没有中等职业学校。广西壮族自治区教育厅网站,http://jyt.gxzf.gov.cn/zfxxgk/fdzdgknr/tzgg_58179/t18497177.shtml,最后访问日期:2024 年 10 月 25 日。

　　② 参见李霁:《少数民族地区中职教育发展存在的问题及发展对策》,载《山西科技报》2024 年 7 月 4 日 A6 版。

识方面的问题，也存在支持力度需要加强的问题。这些问题都是制约我国职业教育发展的障碍。如果这些障碍不尽快破除的话，在人口减少已成定局的背景下，职业教育很可能会因为生源减少的原因面临生存危机的问题①。于是，如何促进我国职业教育发展显然是一个迫切需要思考与解决的问题。

三、数字教育为解决职业教育的问题提供了可能

按照常规的思路，既然清楚了我国职业教育存在问题是什么以及导致的原因，那么将这些问题一一解决就能促进我国职业教育的发展。比如，前面提及的"正确的人才观尚未真正树立的问题"。"如果说传统文化中的落后陈腐观念是'源'的话，那么这些现实中对高职的偏见甚至歧视价值取向就是'流'。'溯源'固然不可或缺，但是'治流'更为迫切"②。然而，无论是消除传统文化中不利于职业教育发展的落后陈腐观念还是消除现实中对职业教育的偏见甚至歧视价值取向，都绝不可能在较短的时间内就能消除，也绝不可能通过出台相应的法律或者（和）政策就能解决。从目前人口减少的趋势来看，至少我们没有信心能在不到二十年③的时间内就能解决。因此，在人口减少背景下，要从根本上去思考我国职业教育发展的问题。

---

① 江苏省高淳中等专业学校发布的学校党委书记芮平禄在 2024 年秋季学期开学会议上讲话指出，高淳区出生人口从五六千人的峰值断崖式下降三两千人低谷时，该校如果还是处于兜底学校角色，那么在理论上就会没有生源。搜狐网，https://www.sohu.com/a/806345611_260616，最后访问日期：2024 年 10 月 25 日。

② 宫宁：《基于民生改善的中国高等职业教育发展研究》，载吉林大学 2016 年博士学位论文。

③ 根据国家统计，2019 年后新出生人口大幅下降，由此推算中等职业学校和高等职业学校分别在 2034 年和 2037 年就会面临生源减少的问题。

　　提升职业教育质量和水平才是解决我国职业教育问题的根本。这是因为其能实现职业教育受教育者高质量充分就业[①],而高质量充分就业是很多普通高等教育与职业教育受教育者选择学校和专业的首要考量。这样,提升职业教育质量和水平要落脚于职业教育受教育者能够实现高质量充分就业。高质量充分就业的前提和基础是职业教育受教育者的技能能满足社会需要。社会需要当然是多元的,职业教育受教育者的技能不可能满足所有的社会需要,只能是满足其中的一些。"兴趣是最好的老师,它可以激发人的创造热情、好奇心和求知欲。由百折不挠的信念所支持的人的意志,比那些似乎是无敌的物质力量有更强大的威力"[②]。因此,要以职业教育受教育者的兴趣来驱动技能的学习与掌握,当然学习与掌握的技能是能满足社会需要的。

　　然而,当前供给驱动教育范式下的职业教育难以实现以学生的兴趣来驱动对技能的学习与掌握,主要体现为学生的兴趣满足受学校、专业甚至选课人数等限制。具言之,每个职业学校因为定位等原因提供选择的专业不可能囊括国家规定的所有专业。退一步讲,即便是可以能开设国家规定的所有专业,但当前高等职业学院开设的专业是按照文史类、理工类、艺术类等招生的,这决定了在入学后换专业,只能换与高考时对应类别的专业。即便是学生兴趣与所学的专业是一致的,但每个专业的方向是多元的。为了更

---

　　① 2024年浙江一高考602分的考生浙江机电职业技术大学的城市轨道交通设备与控制技术专业录取。该考生在采访中选择浙江机电职业技术大学的原因是就业率高(学校发布的就业率有98%),而且毕业后能去中铁局这种大企业。澎湃新闻,https://www.thepaper.cn/newsDetail_forward_28237514,最后访问日期:2024年10月25日。

　　② [美]爱因斯坦:《爱因斯坦文集》(第三卷),许良等译,商务印书馆,1979年版,第144页。

好地满足学生对专业方向的兴趣等，人才培养方案中一般都会设置方向选修课程。然而，笔者调研发现为了确保某一选修课是面向全班学生开设，学生并没有选择的权利。以江西某高等职业学校的 2024 年版电子商务专业的人才培养大纲为例。该人才培养大纲中设置的选修课情况如下（表 4）。仅从该表中就能知道，虽然提供了"商务礼仪与谈判""活动策划""电子商务管理实务""网络消费心理学"等四门专业选修课，但只能开设前面的两门课。总之，当前我国职业教育学校难以以学生的兴趣等来驱动技能的学习与掌握。

既然当前我国职业教育学校难以以学生的兴趣等来驱动技能的学习与掌握，那么必然会造成有的受教育者因为所学的专业与自己的兴趣等不相匹配而产生逃避甚至是厌学等情况。这种情况一旦在现实中存在，这些学生即便是完成了所有的专业课程而毕业，其掌握的技能自然是不精且不专。前面已述及，数字教育可以重塑教育形态，即由供给驱动教育范式转变为需求驱动教育范式。需求驱动范式是以学生的需求为中心的教育范式。由此不难知道，数字教育能够实现以学生的兴趣等来驱动技能的学习与掌握，从而不难得出这样的结论：数字教育有助于提高职业教育的质量和水平。

或许有人提出这样的质疑：职业教育受教育者尤其是中等职业教育受教育者因为年纪偏小，不是很清楚自己的兴趣等，因而数字教育有助于提高职业教育的质量和水平的结论并不具有百分之百的信服力。诚然，这样质疑不无道理。换个角度看，也能得出前述结论。我们以江西省的职业教育发展情况为例。《江西省高等职业教育质量报告（2023 年度）》显示，江西省高等职业教育在"打造高水平产教融合新载体""服务数字经济发展促进教育数字化转型"和"服务区域

表 4　江西某高等职业学校 2024 年版电子商务专业人才培养大纲中专业选修课设置情况表①

课程类别	序号	课程编码	课程名称	课程形式	课程类型	考核方式	学分		学时数			学期学时分配						开课说明（线上、线下学习等情况）
							学分	学分替换	总学时	理论学时	实践学时	第一学年 一	第一学年 二	第二学年 一	第二学年 二	第三学年 一	第三学年 二	
专业选修课	1	1351080	商务礼仪与谈判	限选	A	考查	2	○	32	32	0	32						
	2	1351088	活动策划	限选	B	考查	4	○	64	32	32				64			
	3	/	电子商务管理实务	选修	B	考查	2	○	32	12	20							
	4	/	网络消费心理学	选修	B	考查	2	○	32	12	20							
	小计		共 4 门课程，选修课可选可不选，最少选两门				6		96									

① 表中的"○"表示不可以学分替换。

经济高质量发展的能力"等方面面临挑战①。由于江西省侧重发展高等职业教育,于是某种意义上讲前述高等职业教育面临的挑战可以体现为江西省职业教育面临的挑战。破解这些挑战必然要求江西省的职业教育以地区经济、行业等发展需求为导向培养技能技术人才。这些人才主要来源于对职业教育学校对职业教育受教育者的培养。这样又回到了前面所述的要解决当前我国职业教育学校难以以学生的兴趣等来驱动技能的学习与掌握问题上,从而得出与前面一样的结论。至此,我们完全有理由相信:数字教育有利于不断提升江西省职业教育的质量和水平。

第三节 数字教育有利于不断提升高等教育的质量和水平

一、高等教育作用蕴含的内在要求

无论对于一个国家一个民族来说,还是对任何一个公民来说,高等教育都极端重要。这是因为高等教育是度量一个国家一个民族发展程度与发展潜力的重要标识,它"既是一种人才培养的社会活动,又是一种让人成为人的精神活动"②。正是因为具有如此的重要性,高等教育被习近平总书记定位为建设教育强国的龙头。为了提高我国高等教育发展水平以及增强国家核心竞争力,以习近平同志为核心的党中央作出了加快建设世界一流大学和一流学科的战略决策③。可见,办好我国高等教育的关键在于提高高等教育发展水平。

---

① 江西省人民政府网站,http://jyt.jiangxi.gov.cn/art/2024/3/12/art_33491_4812361.htm,2024 年 5 月 15 日访问。

② 王建华:《高等教育适应了的省思》,载《高等教育研究》2014 年第 8 期。

③ 《习近平谈治国理政》第二卷,外文出版社,2017 年版,第 376 页。

提高高等教育发展水平就是要实现高等教育高质量发展。所谓高等教育高质量发展指的是"融合特色性、质量性、需求性为一体的教育发展模式、理念,注重内涵发展的新要求,以提升人的综合素养为核心目标,调整学科组织的要素和机制的形式,以较大强度持续增加物质产品和提高服务供给质量作为支撑,可持续性地增强高等教育整体实力"①。从结果导向来看,我国高等教育是否实现了高质量发展的判断标准就是能否向社会提供一定质量和数量的高素质人才或者向国民提供更多接受高等教育的机会。正如习近平总书记在欧美同学会成立 100 周年庆祝大会上所指的:"人才是衡量一个国家综合国力的重要指标。没有一支宏大的高素质人才队伍,全面建成小康社会的奋斗目标和中华民族伟大复兴的中国梦就难以顺利实现""谁能培养和吸引更多优秀人才,谁就能在竞争中占据优势。"②因此,提高高等教育发展水平实际上蕴含了庞大的高素质人才供给与更多的接受高等教育机会供给的内在要求。

从高素质人才的高质量供给看,高素质人才来源于高等教育学校的培养。要想培养更多更优的高素质人才必然要以足够多的且持续的高等教育投入作为基础与前提。足够多且持续的高等教育投入自然是所有的教育资源的持续投入。单就一所高等学校来说,能获得多少的教育资源投入以及该投入是否具有可持续性,将会对其发展产生重大甚至是深远的影响。因此,高素质人才的高质量供给需要足够多且持续教育资源的投入。

从更多的接受高等教育机会供给看,当然需要相当多的高等

---

① 支继丹:《新时代中国高等教育供给质量优化研究》,吉林大学 2024 年博士学位论文。

② 习近平:《在欧美同学会成立 100 周年庆祝大会上的讲话》,载《人民日报》2013 年 10 月 22 日第 1 版。

教育学校的存在。无论是国家举办的高等教育学校,还是社会力量举办的高等教育学校,它们都要以相当多的投入才能确保其存在。但对于能接受高等教育机会的国民来说,当然是通过高等教育的学习成为高素质人才。这就要求,不但要有相当多的高等教育学校,还有这些高等教育学校能够实现接受高等教育的国民能成为高素质人才。这一要求的实现自然需要足够多且持续的教育资源投入。

总之,高等教育的作用蕴含了足够多的持续的教育资源投入这一内在要求。

二、当前我国高等教育存在的问题

我国的高等教育取得了长足的进步,但一个不争的事实是与西方发达国家相比仍存在着不小的差距。尽管改革开放以来取得的巨大经济社会发展成就为我国高等教育高质量发展提供了坚实的物质基础和条件,但不平衡不充分的问题依然存在。这种不平衡不充分问题不仅体现在高等教育资源的空间分布不平衡方面,还体现在高等教育学校之间的发展水平差距较大方面。需要指出一点的是,前述两方面仅仅是我国高等教育不平衡不充分问题的两个较为显见的问题,而非全部的问题。

(一)我国高等教育资源空间分布不平衡的问题

我国高等教育资源的空间分布不平衡已是尽人皆知的。从省级行政区划看,北京、上海、陕西、湖北、江苏、广东等省市拥有的高等教育学校无论数量方面还是质量方面皆具有巨大的优势。从市级行政区划看,某一省(自治区、直辖市)的高等学校主要集中于省会城市或经济发达的城市,以江西省为例,共有普通高等学校47所,它们分布如下(见表5)。

表 5 江西省普通高等学校空间分布表

序号	高校名称	备　注
南昌市	南昌大学、江西师范大学、江西财经大学、江西农业大学、江西科技师范大学、江西中医药大学、华东交通大学、东华理工大学、南昌航空大学、南昌工程学院、江西警察学院、江西飞行学院、南昌师范学院、豫章师范学院、南昌医学院、江西科技学院(民办)、江西服装学院(民办)、南昌理工学院(民办)、江西应用科技学院(民办)、江西软件职业技术大学(民办)、南昌职业技术大学(民办)、南昌工学院(民办),共22所。	1.南昌大学是江西省唯一"211"大学和"双一流学科"大学。2.江西飞行学院主要办学地在南昌市的红谷滩区。
赣州市	江西理工大学、赣南师范大学、赣南医科大学、赣南科技学院、赣南师范大学科技学院等学校,共计5所。	
九江市	九江学院、江西职业技术大学、南昌航空大学科技学院(民办)、江西财经大学现代经济管理学院(民办)、南昌大学科学技术学院(民办)、南昌大学共青学院(民办)、江西农业大学南昌商学院(民办)、江西师范大学科学技术学院(民办)、南昌应用技术师范学院(民办),共9所。	南昌应用技术师范学院主要办学地在九江市的共青城市。
宜春市	宜春学院、南昌交通学院(民办),共2所。	南昌交通学院主要办学地在宜春市的靖安县。
吉安市	井冈山大学,共1所。	
新余市	新余学院、江西工程学院(民办),共2所。	
景德镇市	景德镇陶瓷大学、景德镇学院、景德镇艺术职业大学(民办),共3所。	
上饶市	上饶师范学院,共1所。	
萍乡市	萍乡学院,共1所。	
抚州市	赣东学院,共1所。	
鹰潭市	无	

第二章 数字教育：建设教育强国的重要抓手

虽然说我国高等教育资源分布集中有政治、地理、历史、文化原因等原因，但它们的集中分布根本性原因是它们所在地区的经济社会发展水平（这点从江西普通高校分布状况中就能得到例证）。这是因为"高等教育空间布局表面上是一个教育地理学概念，实质上是自然禀赋与后天发展、教育基础与经济社会发展水平以及国家统一布局与地方差异性发展的综合反映"①。因此，在这个意义上讲，我国高等教育资源集中分布实际上是我国经济不平衡不充分的发展反映。

我国高等教育资源分布集中带来的问题有很多，其中一个被广泛网友热议诸如"山河大学"②等话题。这些热议的话题背后表面看反映出的是社会对高等教育资源均衡发展的期盼③，是对教育公平的期盼。"教育公平通常指每个社会成员都享有同等的教育权利与教育机会，享有同等的教育资源，享有同等的教育质量，享有同等的就业机会，并向社会弱势群体给予一定的倾斜"④。教育公平是社会公平的基础。因此，高等教育资源分布集中带来的最大问题就是社会公平的问题。

当然，我们也必须承认当前我国高等教育资源分布集中的问题在未来可预见的时间很难得到实质性的解决。在此背景下，提升各

---

① 刘国瑞：《我国高等教育空间布局的演进特征与发展趋势》，载《高等教育研究》2019年第9期。

② "山河大学"源于网友的玩笑：山东、山西、河南、河北四个高考压力大的省份343万名考生筹钱就可以打造出一所四省交界的综合性大学面向"山河四省"招生。

③ 2023年7月6日，国新办举行的新闻发布会上教育部副部长吴岩就网上热议的"山河大学"回应指出："教育部将围绕增强国家竞争力、服务经济社会发展的重大战略、促进全体人民共同富裕的目标，不断优化高等教育资源的布局结构，支持中西部地区，特别是人口大省扩大高等教育资源规模，优化类型结构和区域结构"。环球网，https://china.huanqiu.com/article/4Db4v4HCPmz，最后访问日期：2024年10月25日。

④ 教育部课题组：《深入学习习近平关于教育的重要论述》，人民出版社，2019年版，第189页。

地区高等教育发展质量和水平比调整现有的高等教育资源空间分布更具有可行性。因此,当前我国高等教育资源分布集中问题中重要的问题是如何使已有的高等教育资源尤其是优质的高等教育资源能不受限制地均衡分布。

（二）高等教育学校之间的发展水平差距较大的问题

随着经济发展以及对高等教育的持续投入,当前我国的高等教育已从精英化向大众化转变,进入高等教育普及阶段。于是,社会普遍认为"上大学容易,但不容易的是上好的大学"。这反映出我国高等教育学校之间发展水平差距的较大。虽然在任何国家中,高等教育学校之间的发展水平都存在一定的差距,但我国高等教育学校之间的发展水平差距造成有较多的政治因素。我国高等教育学校之间的发展水平差距较大在某种意义上讲有其不合理之处:发展水平较高的高等教育学校得到的财政资源等则会越多,从而发展得更好;反之,发展水平较差的高等教育学校得到的财政资源等则会较少,从而相对发展会更差。由此造成了"强者愈强、弱者愈弱"的"马太效应"。这样不可避免地造成高等教育整体供给质量比较低。

此外,我国高等教育学校有公办高等教育学校和民办高等教育学校。"与西方民办教育主流的'捐资办学'不同,中国民办教育在很长一段时间都属于'投资办学'。大多数民办高校的前期投资是非常少的,后由创办者通过办学获得合理回报,不断创建积累发展至今。在摒除教育原本自带的公益属性之外,民办高校尤其是营利性民办高校不可回避的一点就是'营利性'。民办高校本质上就是一家企业,具有企业的一切特征。"①由此,有的民办高等教育学校基于"营

---

① 黄文敏:《民办高校教师身份认同困境与消解路径研究》,载《中国成人教育》2021年第20期。

利性"的考量会尽可能地减少教育投入。《2022年全国教育事业发展统计公报》显示,我国民办高等教育学校764所(占全国高校总数的比例25.36%),其中,普通本科学校390所、本科层次职业学校22所、高职(专科)学校350所、成人高等学校2所,而且民办普通、职业本专科在校生924.89万人,比上年增加79.15万人,占全国普通、职业本专科在校生的比例25.27%。因此,不难想象至少在营利性民办高等教育学校中因营利追求而减少教育投入造成的结果无外乎是它们的高等教育供给质量不可能会太高。

无论是对公办高等教育学校还是对民办高等教育学校而言,想要提高高等教育供给质量一个关键的因素是优秀的教师。正如梅贻琦先生所言的:"所谓大学者,非谓有大楼之谓也,有大师之谓也"。优秀的教师是稀缺。他们稀缺体现在他们能够提供更多优质的教学成果、创新性的科研成果等。因为高等教育学校之间的竞争以及以学校为载体物理性空间的分隔,优秀教师的工作成果更多是惠及本校。当然,优秀教师是培养出来的,因而理论上讲任何高等教育学校都能培养出自己的优秀教师。但是,如果优秀教师所在的高等教育学校发展水平不是很好且无法满足自身的进一步发展,往往会通过人才流动的方式流动到发展水平更好的高等教育学校[1]。这样不可避免地又会造成新的"强者愈强、弱者愈弱"的"马太效应",高等教育整体供给质量会进一步拉低。

总之,无论从上述何种角度看,高等教育学校之间的发展水平差

---

[1]　据有关报道,兰州大学曾被上海、浙江、北京等地的重点高校挖走了4位科学院院士,工程院院士1位,长江学者2位等。西北师范大学校长王利民曾说:"兰州大学流失的高水平人才,完全可以再办一所同样水平的大学!"大量人才流失还发生在吉林大学、西安交通大学等。网易网,https://www.163.com/dy/article/E5SRCFG50516BK2N.html,最后访问日期:2024年10月25日。

距较大问题的存在都会造成高等教育整体供给质量降低的问题。

三、数字教育为解决高等教育的问题提供了可能

从上面关于我国高等教育存在问题的论述中可以知道,解决这些问题的最容易实现的办法就是让能够流动的教育资源流动起来。所有能够流动的教育资源中流动性最高的无疑是"信息"这一教育资源。这样由此带来了这样的思路:让所有能够流动的教育资源"信息化"成为"信息"这一教育资源。除了"信息"这一教育资源外,不同高等教育学校教师创造的优质教学、科研成果等是可以通过"信息化"成为"信息"而能够流动起来。当然,有人会对此提出这样的质疑:高等教育学校之间在教学成果、科研成果等方面都存在着竞争的关系,从而不愿意甚至会阻止让前述成果通过"信息化"成为"信息"。这种质疑和质疑的问题并不是同一个问题:前者是能否成为现实的问题,是一个实然的问题;后者是一个能不能的问题,是一个应然的问题。当然这两个问题都很重要,但从发生学角度看,后者是前者的前提,如果没有后者,前者自然也就不会存在。

既然"信息"这一教育资源以及不同高等教育学校教师创造的优质教学与科研成果是可以通过"信息化"成为"信息"进而能够流动起来,那么就有不让师资这一教育资源流动,而是让他们创造的成果流动的可能性和可行性。"信息"这一教育资源以及不同高等教育学校教师创造的优质教学、科研成果等真的流动起来,高等教育学校及其师生、地区甚至国家都将会受益。具体理由如下所述。

对高等教育学校及其师生而言,受益面主要体现在这样两个方面。第一,发展水平不是很好的高等教育学校及其师生可以共享发展水平高的高等教育学校教师创造的优质教学、课程等成果。第二,即便是发展较好甚至特别优秀的高等教育学校也并不是所有的学科

所有的专业等都发展得很好,通过共享这些学科或(和)专业较好的高等教育学校教师创造的优质教学、课程等成果,有利于提升这些学科或(和)专业的水平,也能提升这些学校的整体实力。

对地区而言,在该地区办学的高等教育学校发展水平对当地的经济社会有推动作用,而且这种推动作用日益明显。对该地区而言,想要推动在该地区办学高等教育发展水平的提升,最大的困难主要是"财"这一教育资源。对于很多地区来说,能够支持的高等教育发展水平提升的"财"这一教育资源不可能做到充足。"财"这一教育资源的不充足,自然会制约高等教育学校的在硬件、软件等方面的投入,进而制约其发展水平的提升。在"财"这一教育资源的不充足情况得不到实质性改变或解决的客观条件下,让能够流动的教育资源流动起来进而共享显然有助于在不同地区办学的高等教育发展水平的提升。

对国家而言,办好包括高等教育在内的人民满意的教育是教育事业发展的方向和目标。"满意是一种主观感受,人民满意的标准是多元,也是动态发展的。一方面,不同群体对教育的期待有所不同。有研究表明,经济社会发展水平越高、教育资源越富集的地区,公众对教育的满意度越低。另一方面,不同时代,人民对教育的满意的标准也同样在发生变化。过去,在各级教育普及率低、受教育机会稀缺的时代,有学上就是令人满意的。如今,在各级教育普及率迅速提高的时代,人们还希望上好学"[①]。虽然这段话并不是针对高等教育而言,但论述的内容包括高等教育。于是,从这段话中我们可以知道,办好人民满意的高等教育应当是促进不同发展水平的高等教育学校

---

① 教育部课题组:《深入学习习近平关于教育的重要论述》,人民出版社,2019 年版,第 99—100 页。

发展,并且实现均衡发展的状态。从前面关于能够流动的教育资源流动起来对高等教育学校及其师生益处论述中就可以知道,让能够流动的教育资源流动起来对国家办好人民满意的高等教育是有好处的。

既然让能够流动的教育资源流动起来对高等教育学校及其师生、地区经济社会发展,以及国家办好人民满意的高等教育都是有益的,那么如何让能够流动的教育资源流动起来是一个必须予以认真对待的问题。前面已指出问题的答案常常蕴藏在问题之中。从前文论述中可以发现,让能够流动的教育资源流动起来仅仅是手段,真正的目的是让这些教育资源能够共享,进而协同发展。共享的前提是开放。当然,开放并不等于公开,公开是免费的但开放并不一定是免费的①。因此,让能够流动的教育资源流动起来的目的就是让这些资源开放、共享实现我国高等教育协同发展。

前面已述及,数字教育的内容包括教育数据的开放、数字教育的协同创新等内容。将其与让能够流动的教育资源流动起来的目的对比看不难发现,两者在逻辑上是一致的。据此,可以得出数字教育有助于解决我国高等教育存在的问题。也许有人会对此质疑:将能够流动的教育资源流动起来是将这些资源转化为"信息",而前面数字教育内容中一个主题是"数据",因而两者在逻辑上并非一致的。这种质疑是将"信息"与"数据"误读了。在当前数字(智)时代,"信息是经过加工的数据,或者说,信息是数据处理的结果。信息与数据是不分离的,数据是信息的表现形式,信息是数据的内涵。数据本身并没有意义,数据只是对实体行为产生影响时才成为信息"②。进一步

---

① 熊春泉、聂佳龙:《大数据时代的中国法治建设——一种立法视角的分析》,中国政法大学出版社,2017年版,第146页。

② 张兰廷:《大数据的社会价值与战略选择》,中共中央党校2014年博士学位论文。

讲,"信息在网络中是以碎片化的……数据形式存在的,如果将……信息用 N 表示,那么……数据则是 N1、N2、N3……Nn……对这些数据或者将这些数据的一部分与其他数据结合进行分析、挖掘后,如果可以得到……信息"①。也就是说,在数字(智)时代,信息和数据在本质上并无区别。因此,我们更有理由相信,数字教育有助于解决我国高等教育存在的问题这一结论的正确性。

第四节 数字教育有利于学习型社会建设

一、建设学习型社会的价值与意义

虽然教育学理论认为,"教育是人的灵魂的教育,而非理性知识和认识的堆积……如果人要想从感性生活转入精神生活,那他就必须学习和获知,但就爱智慧和寻找精神之根而言,所有的学习和知识对他来说是次要的"②。但想要获得智慧就必须持续地学习。一如我们所知,"随着人们生活方式和生产方式的不断改变,终身学习已经是现代教育的重要理念"③。终身学习之所以能够成为现代教育的重要理念,一个根本性原因是知识对于经济社会发展的作用日益突出,以及知识的更新速度越来越快。

因此,大至一个民族、一个国家,小至一个个人,想要得以发展都必须终身学习。民族、国家、社会的构成基本单元是一个个具体的人。由此,终身学习这一现代教育的重要理念被人民所践行,那么由

---

① 聂加龙等:《大数据不正当竞争行为的法律规制研究》,载《企业经济》2024 年第 4 期。

② [德]雅斯贝尔斯:《什么是教育》,邹进北译,三联书店,1991 年版,第 4 页。

③ 本书编写组:《习近平总书记教育重要论述讲义》,高等教育出版社,2020 年版,第 123 页。

他们构成的社会自然是学习型社会。学习型社会能否在现实中真实存在,在逻辑上有赖于这样两个基本的条件:一是全体人民终身学习的需求;二是该需要能够得到满足。全体人民的终身学习需求需要培育,全体人民终身学习需求的满足需要国家提供所需的教育机会与资源等。因此,学习型社会自发形成是不现实的,需要国家来建设。

建设学习型社会当然需要国家大量的投入。国家对建设学习型社会进行大量的投入,无论是出发点还是落脚点都需要考虑这项工作的价值与意义何在。如果这项工作没有任何的价值与意义,只要是一个智力正常的人都知道,国家不可能会对此投入大量的财力物力人力等。因此,我们言及建设学习社会首先要思考其价值与意义所在。

(一)有利于提高全体人民的素质

一个国家一个民族一个社会乃至整个人类的发展,最终都要落脚于全体人民素质的提高。全体人民素质的提高,教育不可或缺。然而,对于任何人来说不可能所有的时间都在学校接受教育,提高自身的素质。因为一个对于任何人而言的浅显的道理是,生存是首要的,而要生存就必须确保有相当多的时间劳动来换取生存资料。当然,任何人也不可能所有的时间都在劳动,即便有劳动能力。更为重要的是在学校等接受的教育也不可能确保满足人的未来生存与发展所需。这样就在某种意义上带来这样一种"矛盾":用有限生命中的更多时间来学习可能会影响人们的生存,而人们的生存与发展又需要用有限生命中的更多时间来学习。如果仔细地对这一"矛盾"进行推敲会发现,该"矛盾"并非能完全成立,不然我国也不会出现"活到老,学到老"的理念。于是,至少在理论上存在全体人民终身学习的可能。学习型社会体现的是全民终身学习。因此,建设学习型社会有利于提高全体人民素质。

（二）有利于实现中华民族伟大复兴的中国梦

实现中华民族伟大复兴的中国梦需要和平的外部环境。但以美国为首的西方国家想方设法阻止我国实现中华民族伟大复兴的中国梦。所以,我国面临的外部环境并非如我们想要的那么好。实现中华民族伟大复兴的中国梦是中国近代以来一代又一代中国人民孜孜以求的夙愿。中国近现代史告诉我们,中华民族在近代的落后与被西方帝国主义欺凌,一个很重要的原因就是中国人民的科学技术等落后。中国近现代史也告诉我们,中华民族伟大复兴的中国梦之出现以及如何实现,只有依靠中国人民的艰苦奋斗。于是,中国人民的科学技术等素质是影响中华民族伟大复兴的中国梦能否实现的一个重要变量。上面已经述及,建设学习型社会有利于提高全体人民素质。基于此,可以说,建设学习型社会也有利于实现中华民族伟大复兴的中国梦。

（三）有利于增强国家的国际竞争力

中华民族伟大复兴的中国梦之实现就是要让中华民族重新走向世界民族舞台的中央。当今世界,国家与国家之间的竞争日趋激烈。因而在基于综合实力决定一个民族一个国家在世界政治格局处于何种位置的客观前提下,中华民族重新走向世界民族舞台中央之道必然是不断增强我国的综合国力。我国综合国力提升依赖于解放生产力、发展生产力。人是生产力中最活跃的要素,一般而言,国民素质越高越有利于推动生产力的提高。改革开放四十多年取得的经济社会发展巨大成就充分证明,国民素质提高与生产力的提高是相互促进的关系。正如前面所言,建设学习型社会有利于提高国民素质。于是,建设学习型社会自然有利于生产力的提高,进而增强我国的综合国力。我国综合国力的增强意味着我国国际竞争力得到增强。因此,在这个意义上讲,建设学习型社会有利于增强我国的国际竞争力。

（四）有利于实现人的全面解放

中国共产党是马克思主义政党，一经成立就把实现共产主义作为其最高理想和最终目标。共产主义社会是人的全面解放的社会。用马克思、恩格斯在《德意志形态》一书中的话说就是"在共产主义社会里，任何人都没有特定的活动范围，每个人都可以在任意部门内发展，社会调节着整个生产，因而使我有可能随我自己的心愿今天干这事，明天干那事，上午打猎，下午捕鱼，傍晚从事畜牧，晚饭后从事批判，但并不因此就使我成为一个猎人、渔夫、牧人或批判者"①。人的全面发展既要建立在充裕的物质基础上——因为"一切人类生存的第一个前提也就是一切历史的第一前提，这个前提就是：人们为了能够'创造历史'，必须能够生活。但为了生活，首先就需要衣、食、住以及其他东西"②，还要建立在精神富足的基础上。建设学习型社会当然有利于物质的充裕，也有利于人民的精神富足。因此，建设学习型社会有利于实现人的全面解放。

当然，建设学习型社会还有其他价值与意义，比如有利于阻断贫困的代际传递。正如习近平总书记所言："越穷的地方越难办教育，但越穷的地方越需要办教育，越不办教育就越穷"③。尽管本书没有将建设学习型社会的价值与意义穷尽，但已论述的价值与意义足够让我们有理由认为：有必要建设学习型社会。

二、建设学习型社会的"难点"

有必要建设学习型社会解决了建设学习型社会的正当性问题。据考证，尽管马克思·韦伯最早对正当性（国内学者往往翻译成"合

---

① 《马克思恩格斯全集》（第3卷），人民出版社，1960年版，第37页。
② 《马克思恩格斯全集》（第3卷），人民出版社，1960年版，第31页。
③ 习近平：《摆脱贫困》，福建人民出版社，1992年版，第173页。

法性")这一概念进行了最为系统的学术梳理,但在马克思·韦伯笔下正当性的内涵也是变化不居、外延莫衷一是的①。正因如此,不同的学者对正当性有着不同的理解,比如,李普塞特认为:"合法性(也被译为正当性)是指政治系统使人们产生和坚持现存政治制度是社会的最适宜制度之信仰的能力。当代民主政治系统的合法程度,主要取决于解决造成社会历史性分裂的关键问题的途径"②,哈贝马斯则认为正当性是"同一种政治制度联系在一起的被承认是正确的和合理的要求对自身要有很好的论证。合法的制度应当得到承认。合法性就是成为一种政治制度的尊严性……统治制度的稳定性,甚至取决于对这种要求的起码的事实上的承认"③。无论怎么界定正当性,从本质上讲都是对终极价值与信仰的追寻④。这种追寻的最终指向成为现实。因此,有必要建设学习型社会必然要指向于"人人皆学、处处能学、时时可学"这一现实。

自古以来,中外思想家们都有了"人人皆学、处处能学、时时可学"的理想,比如,中国古代有"子不学,非所宜。幼不学,老何为。玉不琢,不成器。人不学,不知义"(《三字经》)的劝诫,西方的教育学家夸美纽斯曾言:"我们希望有一种智慧的学校,而且是全面智慧的学校,即泛智学校,也就是泛智工厂。在那里,人人许可受教育,在那里可以学习当前和将来生活上所需的一切学科,并且学得十分完善"⑤。为何这一理想在漫长的历史岁月中难以实现呢? 究其原因,

---

① 刘澍:《失范与规范:幼儿教育权力规制机制研究——基于虐童事件的反思》,上海三联书店,2022年版,第36页。

② [美]李普塞特:《政治人:政治的社会基础》,张绍宗译,上海人民出版社,1997年版,第55页。

③ [德]哈贝马斯:《重建历史唯物主义》,郭官义译,社会科学文献出版社,2000年版,第262页。

④ 翟楠:《教育权力及其正当性之研究》,南京师范大学2008年博士学位论文。

⑤ 张焕庭:《西方资产阶级教育论著选》,人民教育出版社,1979年版,第42页。

前面已指出既有主观方面的也有客观方面的。主观方面的原因主要是并非所有人都愿意终身学习。客观方面的原因主要是并非人人都有能"处处学、时时学"的机会与条件。主观方面的原因与客观方面原因比起来,后者恐怕比前者更重要,因为学习的重要性人人皆知,而且国家也是一直强调学习的重要性。既然客观方面的原因更重要,那么重点就是要从其中寻找学习型社会难以实现的原因。

概而言之,本书认为以下两个客观方面的原因是导致在漫长历史时期内无法实现学习型社会的主要原因。

(一)学习成本大

知识的重要性很早就被人类所认识到。但是,在很长的时期内,能够接受教育而获得知识的人毕竟是少数。对这些少数能够接受教育的人进行统计,不难发现他们的共同点之一是拥有能够支持他们接受教育的物质基础。仅从这一点就能知道连大多数社会成员接受教育的机会都不可能实现,更别说他们能处处学、时时学了。如果深究其中的原因,如果从社会的角度看,无外乎是社会财富总量的不足和(或)分配不均;如果从学习角度则是学习成本大。实际上,前述从不同角度得到的原因在本质上是一致。基于此,本书进一步论述学习成本大这一原因。

学习产生的成本主要包括时间成本、人力成本、物力成本、财力成本等。从时间成本看,学习需要耗费一定的时间,而这些时间中的部分或者全部往往可以创造社会财富等。从人力成本看,一般需要教师等人力参与,而教师等赖以生存的物质保障主要是来源于学习者交的费用。从物力与财力成本来看,需要一定的场所,而这些场所建造与维护需要耗费一定的物力与财力。从学习者或者潜在的学习者角度看,学习产生的成本是巨大的。如果没有国家等帮助,仅靠学习者或者潜在的学习者来承担,显然会压力巨大甚至会危及自身与家庭的基本生存。当自身与家庭的基本生存因学习被危及,必然会导致对学习者与潜在的学习者而言,放弃学习是最优选择,学习型社会自然也就难以实现。

（二）学习资源获取难

无论是表征为他人教授的学习还是表征为自主的学习,前提都是要有一定学习资源。其中,最为主要的也是最为重要的学习资源就是书籍。冯梦龙的《醒世恒言》中有这样一个故事:王安石在苏洵面前炫耀他儿子王雱很聪慧,书看一遍就能背诵,而苏洵听后带着酒意回答说,谁家儿子读两遍①。这个故事的真实性值得商榷。但另一个故事确实真实发生过。《后汉书》记载:"王充少孤,乡里称孝。后到京师,受业太学,师事班彪。好博览而不守章句。家贫无书,常游洛阳市肆,阅所卖书,一见辄能诵忆,日久,遂博通众流百家之言。后归乡里,屏居教授。"从前述故事中可以知道,在中国古代学习一个比较大难点就是获得书籍等学习资源难。没有书籍等学习资源,即使如王雱那样聪慧且如王充那样好学,也绝不可能时时学、处处学。

或许有人会提出这样的质疑,当前获取学习资源并不像古代那么难,但为何当今也没有实现时时学、处处学呢? 当然,对这个质疑可以从主观原因方面去回答,但这并不符合质疑的意图。虽然现在获取学习资源并不像古代那么难,但获取想要的学习资源基本上都是需要花费一定的成本,而且越是优质的越是需求量大的学习资源费用越高②。因此,从这个角度看,学习资源获取难的问题在当今也

---

① 原文内容是:"是日,老泉赴荆公之召,无非商量些今古,议论了一番时事,遂取酒对酌,不觉忘怀酩酊。荆公偶然夜能:'小儿王雱,读书只一遍,便能背诵。'老泉带酒答道:'谁家儿子读两遍!'荆公道:'倒是老夫失言,不该班门弄斧。'"

② 据报道,有42.7万人订阅了薛兆丰的付费专栏,按每人收费199元计算,给他带来的营收接近8 500万元。澎湃网,https://m.thepaper.cn/baijiahao_4617965,最后访问日期:2024年10月25日。

并没有得到彻底的解决。也就是说,优质学习资源获取难依然是阻碍人们不能时时学、处处学的客观因素。

当然,建设学习型社会还有其他的"难点",比如前面已提及但没有论述的主观的方面的原因。尽管如此,但是上面已论述的两个建设学习型社会的"难点"并不妨碍我们得出这样的结论:要建设学习型社会就必须克服建设学习型社会的"难点"。

三、数字教育为克服建设学习型社会的"难点"提供了机遇

承上所述,建设学习型社会的"难点"注定了建设学习型社会并非易事。然而,建设学习型社会的价值与意义决定了其即便并非易事,但也要努力去实现。如果对建设学习型社会的"难点"进行深入地推敲,其实不难发现学习型社会之所以的很长历史时期内不能实现,关键在于学习受到物理性时空的制约。这种制约既表现为获得学习机会的不容易,也表现为获取学习资料等的不容易。具言之,获得学习机会的不容易主要是由于传授知识必须有固定的场所,而且还要在规定或约定的时间内才能得到学习的机会造成的。获取学习资料等的不容易的原因,主要是由于学习资料等必须以物理性载体来呈现,而这些通过物理性呈现的学习资料等只有在特定的时空中才能获得。前述的两个不容易必然会造成学习成本的增大与获取学习资料等"难题"。

物理性时空制约的突破有赖于技术发展。就目前来说,众所周知能帮助我们突破物理性时空制约的技术就是信息技术。前面已述及,数字教育是信息技术在教育领域内应用的产物。数字教学因为自带信息技术的"基因",于是数字教育必然不受物理性时空制约的优势。数字教育这一优势至少在理论上有能够实现"时时学、处处学"的可能性。当然,数字教育在本质上是教育。教育的目的之一是

让受教育者获得获取知识、技能等能力。而如何获得知识、技能等能力需要学习,因为只有通过学习才能获得这些能力。这样,数字教育与学习型社会具有高度的契合性。因此,数字教育在理论上讲,可以为建设学习型社会提供机遇。

数字教育为建设学习型社会提供机遇,还有以下几方面的原因。

第一,教育教学资源能满足不同学习者的不同学习需求。数字教育中课程等教育教学资源以数据的形式存储在网络空间。这意味着只要网络空间存在,教育教学资源就存在。更为重要的是随着时间的推移,存储在网络空间中教育教学资源只会多不会少而且能够共享,从而能够满足不同学习者的不同学习需求。

第二,数字教育能够向学习者提供多元获得知识、技能等能力的学习机会。在传统的学习模式下,一个学习者能获得多少知识、学到多少技能等,往往取决于其向哪些人学习以及这些人的知识、技能等的掌握程度。而在数字教育模式中,任何学习者不仅可以从提供数字化教育教学资源者获得学习机会,还可以从不同的网络学习社区获得学习机会。

第三,数字教育能够基于兴趣学习更多知识、技能等。对于任何一个人来说,其兴趣从来都不是单一的。多样化的兴趣决定学习在主观上想要学习的知识、技能等是多元。多元的知识、技能等更能促进人的全面发展是不言而喻的。然而,在传统学习模式下,学习者即便有能力获得学习的机会,但学习的知识、技能等往往是单一的,甚至还可能是他们不感兴趣的。而在数字教育模式中,学习者基于兴趣建立或加入不同个性化的网络学习社会去,从那学习更多的知识、技能等。

前面已指出,数字教育是教育数字化转型的产物。基于此并加之上面所述,也就不难理解为何党的二十届三中全会报告提出的"推进教育数字化,赋能学习型社会建设,加强终身教育保障"①,在这种意义上讲就是要通过推进数字教育方式来赋能学习型社会建设。因此,不可避免地引出了这样的结论:数字教育有利于建设学习型社会。

行文至此,基于数字教育有利于不断提升基础教育、职业教育和高等教育的质量和水平,以及有利于建设学习型社会之结论,已显而易见完全有理由认为数字教育是推动教育高质量发展的重要抓手。那么,如何利用好数字教育这一抓手推动我国教育高质量发展呢?有一点是可以肯定的,这项工作是国家层面的工作。由于中国式现代化的重要保障是法治,从而党的二十届三中全会提出要"全面推进国家各方面工作法治化"②。于是,利用好数字教育这一抓手推动我国教育高质量发展必然离不开法治的保障。那么,如何在法治的轨道上促进数字教育发展,进而推动我国教育高质量发展? 这是下一章的主题。

---

① 《中国共产党第二十届中央委员会第三次全体会议文件汇编》,人民出版社,2024年版,第 32 页。

② 《中国共产党第二十届中央委员会第三次全体会议文件汇编》,人民出版社,2024年版,第 51 页。

第三章 法治化:促进数字教育 发展的必然要求

习近平总书记在党的十八届四中全会上指出:"法治是治国理政的基本方式,要加快建设社会主义法治国家,全面推进依法治国。""全面依法治国,是解决党和国家事业发展面临的一系列重大问题,解放和增强社会活力、促进社会公平正义、维护社会和谐稳定、确保党和国家长治久安的根本要求。要推动我国经济社会持续健康发展,不断开拓中国特色社会主义事业更加广阔的发展前景,就必须全面建设社会主义法治国家,从法治上为解决这些问题提供制度化方案。"①从这一论述中不难知道,习近平总书记高度重视法治的作用。其中原因,党的二十大报告中给出了权威的解答,即法治具有利长远、固根本和稳预期的作用。显然,促进数字教育发展离不开法治的原因与前述法治的作用有关。从前面的论述中可以知道,数字教育的发展离不开人力、物力、财力的投入与政策支持等。因此,促进数字教育发展离不开法治蕴含的潜台词是:需要发挥法治的作用,确保数字教育发展所需的人力、物力、财力的投入与政策支持。

---

① 习近平:《论坚持全面依法治国》,中央文献出版社,2020年版,第84—85页。

第一节 数字教育发展所需人力投入方面担忧的法治克服

一、数字教育发展需要大量的且持续性的人力投入

一个大家熟知的事实是,教育教学活动的开展,教育者必不可少。教育者在教育教学中的重要性是不言而喻的。教育学家赫尔巴特曾言:"如果教师有创造性的见解,可以利用到手的东西,刺激他们所照顾的对象;如果教师有先见之明,他可以排除一切有害于健康、心性或礼仪的东西。"①历史地看,尽管在人类早期并"无常师",比如"孔子师郯子、苌弘、师襄、老聃"(《师说》),但他们能够成为教育者至少说明了教育者并不是天生的。随着社会分工以及由此带来的经济社会发展,人类逐渐地从早期的"无常师"过渡到了"有常师",即教育成为一项专门性的社会活动与职业。作为专门性社会活动的教育,意味着教育教学是一项主要表现为由国家举办不同层次教育方便受教育者在合适的年龄段接受教育的有组织性的社会活动。作为职业的教育,意味着教育教学对教育者而言,是一项由拥有教育教学技能的人员通过教育教学职责获得主要生活来源的工作。无论是从专门性社会活动角度还是从职业角度看教育,不难发现都内在要求有大量的教育者。教育者首先是"有生命的个人的存在"②。于是,教育者从事教育教学的时间不可能是永久的。这意味教育想要得以持续就必须要求有源源不断的教育者。总之,教育内在要求大量的且持续的教育者。

---

① 张焕庭:《西方资产阶级教育论著选》,人民教育出版社,1979 年版,第 42 页。
② 《马克思恩格斯全集》(第 3 卷),人民出版社,1960 年版,第 23 页。

教育内在要求大量的且持续的教育者,在当今体现得更为明显。这是因为表征为受教育并尽可能接受更高层次教育是国民一项基本权利与义务之教育大众化已是当今不可逆转的历史主流。教育大众化带来的后果之一是教育职业化。教育者的职业化蕴含的潜台词则是:教育者必须接受专门的训练等拥有教育的基本技能。接受专门的训练等,从而拥有教育的基本技能本身在本质上就是教育。从这个角度看,上面所述的教育成为职业与教育职业化最显著的区别在于教育者是否需要专门的培养。基于此,教育职业化指向的教育者需要专门培养或者说专门培养是形成教育者的主要途径。专门培养教育者的必要而充分条件是要有一定数量且持续地专门培养教育者的教育者,尽管他们培养的"教育者"并不一定会成为教育者。然而,这并不能成为我们否定一定数量且持续地专门培养教育者的教育者是专门培养教育者必要且充分条件理由,进而以此来否定当今教育更加内在要求大量的且持续的教育者这一结论。因为原因相当简单:如果以这一标准衡量的话,不是专门培养教育者的教育将会被彻底否定,那么教育也就会变得意义不大。

既然当今的教育内在更加要求大量的且持续的教育者,那么无论是教育者的培养还是培养教育者的角度看,都指向需要大量的且持续的人力投入。前面已经指出,数字教育是当今教育的一种形态。因此,我们说数字教育发展需要大量的且持续的人力投入并不是毫无根据的。

二、当前数字教育所需的人才缺乏

数字教育需要大量的且持续的人力投入既是教育的内在要求,也是自身特性的要求。具言之,数字教育对教育者提出了新的要求,即要有相应的能够熟练操作、运用数字技术的能力。教育者获得这一能力需要相应的专门培训。但一个事实是数字技术更新迭代的速度快、新的数字技术层出不穷。这决定了光靠教育者通过专门的培训获得熟练操作、运用数字技术的能力多少变得有些不现实。为此，最为现实的做法也是现实中主流的做法是：配备专门的数字技术人才。这样，数字教育所需的人才投入至少包括两方面：一是教育者的投入，二是数字技术应用于教育专门人才的投入。

（一）教育者投入不足问题未得到彻底解决

衡量教育者投入是否合格的一个重要标准就是生师比。从下表（表6）中不难看出，近十年来尽管我国在教育者投入方面做了努力，也取得了巨大的进步与成绩，但我国面临教育者投入不足的问题并没有得到彻底的解决[①]。或许有人会对这一结论质疑。如果对表6中不同类型不同层次的教育进行哪怕是较为细致的分析，这种质疑将会不攻自破。

表6显示，小学、初中和普通高中的生师比相较中等职业教育和普通高校的生师比要低很多。但小学、初中和普通高中的生师比依然较高。作出这一判断依据有二：一是全国人大代表、重庆谢家湾学校党委书记刘希娅在2024年两会期间表示，当前我国中小学生师比普遍较高，建议将现行小学生师比调整为13∶1，初中调整为8∶1，高中调整为4∶1，以及每十年核算优化调整一次生师比；二是根据有关的报道，我国某些地区中小学的生师比甚至达到了40∶1或更高[②]。表6也显示，中等职业教育和高职（专科）学校的生师比与其他不同类型不同的相比是最高的，接近国家规定的20∶1标准。更为

① 见左黎韵：《全国人大代表刘希娅：降低生师比减轻教师负担》，载《重庆日报》2024年3月8日第6版。
② 搜狐网，https://www.sohu.com/a/803276753_121956425，最后访问日期：2024年10月25日。

表6 2013—2023年不同类型不同层次教育的师生比一览表

	2013年	2014年	2015年	2016年	2017年	2018年	2019年	2020年	2021年	2022年	2023年
小学阶段教育生师比	16.76：1	16.78：1	17.05：1	17.12：1	16.98：1	16.97：1	16.85：1	16.67：1	16.33：1	16.19：1	16.28：1
初中阶段教育生师比	12.76：1	12.57：1	12.41：1	12.41：1	12.52：1	12.79：1	12.88：1	12.73：1	12.64：1	12.72：1	12.84：1
普通高中教育生师比	14.95：1	14.44：1	14.01：1	13.65：1	13.39：1	13.10：1	12.99：1	12.90：1	12.84：1	12.72：1	12.66：1
中等职业教育生师比	22.97：1	21.34：1	20.47：1	19.84：1	19.59：1	19.10：1	18.94：1	19.54：1	18.86：1	18.65：1	17.67：1
普通高校生师比　普通本科学校	17.53：1	17.68：1	17.69：1	16.78：1	17.42：1	17.42：1	17.39：1	17.51：1	17.90：1	17.65：1	17.51：1
普通高校生师比　本科层次职业学校									19.38：1	18.31：1	17.57：1
普通高校生师比　高职(专科)学校									19.85：1	19.69：1	18.92：1
说明			普通高校生师比为17.73：1	普通高校生师比为17.07：1	普通高校生师比为17.52：1	普通高校生师比为17.56：1	普通高校生师比为17.95：1	普通高校生师比为18.37：1			

数据来源:根据教育部网站发布的2013—2023年全国教育事业发展统计公报整理所得。

重要的是现实中有较多的中等职业教育和高职(专科)学校的生师比并没有达到国家规定的标准。无论是中等职业教育还是高职(专科)学校承担的都是技能型人才培养任务。技能型人才的培养当然需要对受教育者提供更多的个性化指导。这意味着中等职业教育和高职(专科)学校的生师比不能过高。也就是说即便是所有中等职业教育和高职(专科)学校的生师比达到国家平均水平,也依然没有改变教育者投入不足的局面。与基础教育和职业教育相比,普通本科层次的高校的教育者不仅要承担教育教学任务,还要承担相当多的科研与社会服务等任务。而科研与社会服务等任务的完成都需要较多的时间。与此观照,表6中普通本科层次的高校的生师比近十年来尽管低于国家规定的20∶1标准,但依然能从中推测出已有的生师比依然较高。

生师比较高意味着教育者的教育教学等负担较重。教学负担重,一方面导致教育者难以为每一位学生提供个性化的关注与指导,另一方面会导致教育者的职业倦怠。无论前述何种后果影响的都是教育的整体质量。从以教师为中心的教学模式盛行与教师职业倦怠问题常常屡见报端这一不争的事实中,也说明了教育者投入不足的问题并没有得到彻底的解决。

(二) 数字技术应用于教育领域的专业型人才缺少

数字教育的出现得益于数字技术的发明与在教育领域的广泛应用。在当今,对于教育者而言他们普遍不具有操作、运用数字技术的技能,而具有操作、运用数字技术者往往不从事教育教学工作。这样必然会导致能将数字技术应用于教育领域的人才极度缺少。面对这一无法改变的客观现状,前面已述及最务实的方法是配备专门的数字技术人才,以此来辅助教育者利用数字技术开展教育教学活动。然而,现实的情况是"部分学校数字化专业人员配备不足,设备故障后短期内无法维修恢复,降低了师生的使用体验与应用效果"①。需要指出的是,数字化专业人员并不等同于数字技术人员。因为很多学校的数字化设备主要是计算机、投影仪等。这些设备并不是数字技术——大数据、区块链、人工智能等。而且数字技术所需的人才要求更高:不但需要有编程与开发、数据分析等技术能力,还需要有将数字技术应用于具体的业务场景中的能力。显然,当前数字化专业人员普遍不具有这些能力。于是,即便是数字化专业人员配备充足的学校也依然面临着能将数字技术应用于教育领域的专业性人才缺少的问题。

也许有人提出这样质疑:数字化专业人员虽然不能等同于数字技术人才,但因为他们拥有计算机、网络等这些数字技术基础的知识与技能,从而通过培训等很容易成为掌握数字技术技能的人员。这种质疑并非完全没有道理。如果仅从数字技术操作层面看,已有的数字化专业人员通过培训等确实能够掌握这方面的技能。拥有这方面技能的人员并不能胜任数字教育。前面已指出数字教育的内容包括教育数据的开放、数字教育的协同创新,这方面能力不是很容易掌握。这是因为最浅显的一个道理是我国已有大量懂计算机、网络等方面的人才,但依然面临着巨大的数字人才缺口②。至此,我们更有理由认为,当前发展数据教育面临着数字技术应用于教育领域的专业性人才缺少的问题。

教育教学活动的实施也离不开相应的技术支持。技术是不断发

---

① 吴砥、冯倩怡、郭庆:《教育强国背景下数字教育的内涵、特点、难点与进路》,载《新疆师范大学学报(哲学社会科学版)》2024年第4期。

② 德勤中国公司发布的《产业数字人才研究与发展报告(2023)》指出,我国当前数字人才总体缺口在2 500万至3 000万。中国青年网,http://news.youth.cn/gn/202405/t20240527_15276008.htm,最后访问日期:2024年10月25日。

展的是一个众所周知的事实。于是,技术的发展都会对教育产生或深或浅的影响。无论影响如何,有一点可以肯定的是教育不可也不能忽视技术的发展,而是要将新的技术应用到教育领域。这意味着一方面要提升教育者运用新的技术能力与素养,另一方面为了确保教育教学活动顺利开展甚至还要配置熟练操作新的技术并能迅速解决该技术问题的人员。这都需要大量的且持续性的人力投入。于是,无论是从教育发展的角度看还是从技术发展的角度看,大量的且持续性的人力投入是数字教育发展的内在要求之一。由此不难知道,当前我国面临教育者投入问题并未彻底解决以及数字技术应用于教育领域的专业性人才缺少的问题都将会制约数字教育发展。

三、克服数字教育发展所需人力投入方面的担忧需发挥法治利长远的保障作用

数字教育发展需要大量的且持续的人力投入是不可改变的事实。于是,数字教育发展必然要求国家要进行大量的且持续的人力投入。虽然我国在教育领域的人力投入历来都不太重视经济收益,但这并不意味着国家在数字教育发展所需的人力投入方面不会有任何的顾虑。可以肯定的是,这些顾虑一定与国情紧密相关。一如我们所知,当前我国最大的国情是我们仍然处在社会主义初级阶段。社会主义初级阶段是"不发达的阶段"①。这一最大的国情决定了正如党的二十大报告所指出的"推进改革发展、调整利益关系往往牵一发而动全身"。前面已指出,数字教育导致供给驱动范式转变为需求驱动范式。因而,推动数字教育发展在本质上就是对已有教

---

① 《邓小平文选》第三卷,人民出版社,1993年版,第252页。

育范式进行改革，从而实现教育的高质量发展。这意味着推动数字教育发展必然会涉及利益关系的调整。因此，数字教育发展所需人力投入不仅要考虑综合国力，还要考虑对社会其他方面产生的影响。

数字教育发展所需人力投入对社会其他方面的影响，目前最有把握言说的是人口减少这一不可逆转的事实。人口减少必然会导致教育者的"过剩"[①]，而且这种情况已经在幼儿园、小学开始显现。在这样的背景下，加之延迟退休已成既定事实，数字教育发展所需人力投入在逻辑上至少存在时机是否适宜的讨论空间：如果当下加大数字教育发展所需人力投入会存在让教育者"过剩"问题变得复杂的风险，因而推动数字教育发展所需人力投入至少在教育者"过剩"得到基本解决的情况下才是最合适的。不可否定，从现实的情况来看确实很难指摘。因此，不能排除现实中存在因为存在教育者"过剩"问题而迟滞数字教育发展所需人力投入的可能。

我国教育与世界发达国家相比存在一定差距是不争的事实。赶超世界发达国家的教育水平是教育服务中华民族伟大复兴的题中之义。但我们要清醒地认识到，如果按照现有的赛道去赶超世界发达国家的教育水平相当难。于是，想要尽快地赶超世界发达国家的教育水平最好的办法就是换一个新的赛道，因为在新的赛道中我国与教育发达国家的起点差不多。习近平总书记指出："教育数字化是我国开辟教育发展新赛道和塑造教育发展新优势的重要突破口。"[②]数

[①] 根据北京师范大学教育学部高等教育研究院副教授乔锦忠团队的预测，到 2035 年全国将有约 150 万小学教师、37 万初中教师过剩。https://www.163.com/dy/article/INKKQBDU0534A4SC.html，最后访问日期：2024 年 10 月 25 日。

[②] 新华网，http://www.xinhuanet.com/politics/2023-05/29/c_1129654921.htm，最后访问时间：2024 年 10 月 25 日。

字教育是教育数字化的体现。也就是说,数字教育是我国当下可开辟的赶超教育发达国家的新的赛道。不难知道,这个新的赛道并不会因为我国不开辟或者晚开辟就会不存在或者晚出现。因此,以在教育者"过剩"问题而迟滞数字教育发展所需人力投入必然会让我国这个新的赛道上丧失先发优势甚至是落后。

或许有人会说,以现实可能存在的理由得出我国会在数字教育这一新的赛道上丧失先发优势甚至落后的结论是不科学的。从演绎推理的角度看,这样说确实没有什么问题,但是从归纳推理角度看却不能完全证伪。也就是说,即便是从逻辑角度看,前面所说情况并不是百分之百不会发生。习近平总书记发表的反腐论述引用过这样的"大白话":"针尖大的窟窿能透过斗大的风"。从这话中不难知道,即便以在教育者"过剩"问题而迟滞数字教育发展所需人力投入发生危害的概率很小,但一旦发生将会带来深远的负面影响。因此,数字教育发展所需人力投入方面决不能掉以轻心。

换一个角度看,教育者"过剩"问题并不成为当下推动数字教育发展所要求的人力投入之阻碍。因为从长远来看,数字教育发展有利于化解教育者"过剩"问题。其中原因很简单:一是数字教育是表征为需求驱动范式的教育,受教育者的多元需求满足必然更多是教育者(并一定是在学校等给他们授课的教师)提供教育服务;二是能够胜任数字教育的教育者可以承担建设学习型社会的任务。

既然从当下看就能知道的数字教育重要性和从长远看的数字教育能够化解教育者"过剩"问题,那么我们有充足的理由认为,要采取相应方式防范以将来教育者"过剩"问题为由迟滞数字教育发展所需人力投入这一可能性风险发生的担忧。法治具有利长远的保障作用。于是,法治应当成为克服前述担忧的选择。当然,从逻辑上讲,除法治之外,还有其他能成为克服前述担忧的选择。然而,人类迄今为止并没有找到比法治更有利长远的保障作用的办法这一事实，"隐晦"地告诉我们法治应当成为克服前述担忧的不二选择。因此，克服以将来教育者"过剩"问题为由迟滞数字教育发展所需人力投入的担忧，需要发挥也应当发挥法治利长远的保障作用。

前面提及，数字教育发展所需人力投入还要考虑综合国力。我国教育事业之所以能够取得今天的伟大成就，其中《教育法》《教师法》等法律规范性文件中关于教育所需的人力投入规定发挥的作用不容忽视。这说明了，教育法治建议与发展教育事业考虑综合国力并不矛盾。因此，数字教育发展所需人力投入考虑综合国力，但也要对此进行法治化建设。事实上，对数字教育发展所需人力投入法治化，恰恰能够防范不考虑综合国力情况的发生。因此，克服数字教育发展所需人力投入不考虑综合国力的担忧，需要发挥也应当发挥法治利长远的保障作用。

总之，克服数字教育发展所需人力投入的担忧需发挥法治利长远的保障作用。

第二节　数字教育发展所需财（物）力
投入方面担忧的法治克服

一、数字教育需要财(物)力投入需要公共财政的支持

无论是纵观历史还是放眼世界，一个不会产生什么争议的事实是：教育发展得不错的国家和地区，经济发展得不错；反之，经济发展不错的国家和地区，教育往往也发展得很好。其中的原因很好理解，教育的发展需要经济投入作为支撑。支撑教育发展的经济投入表现为财力、物力投入等。数字教育是教育的一种形态。数字教育的发展需要大量的财力、物力的投入。前面已经指出数字教育内容包括

数字基础设施的建设等。仅从数字教育设施建设就能知道,需要大量的财力、物力的投入。更为重要的是,这些投入并不能完全通过市场的方式来解决。尽管亚当·斯密提出"看不见的手"所描述的市场主体"受着一只看不见的手的指导,去尽力达到一个并非他本意想要达到的目的。也并不因为是出于他本意,就对社会有害。他追求自己的利益,往往使他能比在真正出于本意的情况下更有效地促进社会的利益"①即便是怎么被奉为圭臬,但事实与理论都证明了市场并不是万能的,要求政府履行"第一,提供不能通过市场有效供给的公共物品。第二,排除私人边际成本与社会边际成本以及私人边际收益与社会边际收益之间的非一致性,外部性内部化。第三,制定法令禁止垄断,维护市场的竞争机制。第四,规制非价值性物品。第五,调节收入分配状况,解决收入分配不公平问题"等职能②。由此,数字教育发展所需的财力、物力投入不能完全通过市场方式解决原因在于教育与社会保障一样,是一种准公共物品。所谓的准公共物品指的是消费上具有非竞用性,受益上具有排他性的物品,或者消费上具有竞用性,受益上不具有排他性的物品。"准公共物品因为兼具公共品和私人品的特性,在通过市场提供的同时,政府公共财政应当予以适当的补贴。公共财政理论认为,市场失灵所导致的存在于个体利益之外的公共利益得不到满足的问题'必须由国家的公共财政开支来解决'"③。因此,数字教育的发展所需要的财力、物力投入离不开公共财政的支持。

习近平总书记曾指出:"人民是历史的创造者,是决定党和国家

---

① [英]亚当·斯密:《国家财富的性质和原因的研究》(下卷),郭大力、王亚楠译,商务印书馆,1983年版,第26页。

②③ 王春业、聂佳龙:《论社会保障视域下我国公共财政立法的完善》,载《福建行政学院学报》2011年第6期。

前途命运的根本力量。必须坚持人民主体地位,坚持立党为公、执政为民,践行全心全意为人民服务的根本宗旨,把党的群众路线贯彻到治国理政全部活动之中,把人民对美好生活的向往作为奋斗目标,依靠人民创造历史伟业。"①由此决定了我国坚持以人民为中心发展教育。坚持以人民为中心发展教育必然要求数字教育的发展所需的财力、物力投入主要依靠公共财政的支持。这是因为公共财政中的"公共""表达了某一事物属于每个社会成员或与每个社会成员都相关这样一个概念"②。申言之,公共财政支持数字教育的发展所需的财力、物力投入能够确保全体人民享受数字教育发展的红利。

教育是关乎国家、民族、人类未来的事业。于是,促进教育事业发展既是任何一个国家、民族的不可推卸的责任,也是整个人类不可推卸的责任。这意味着国家、民族和人类都有义务有责任投入足够多的财力、物力等来发展教育事业,因为财力、物力是教育事业发展的最根本条件。作为教育的一种新形态的数字教育的发展自然也离不开财力、物力的投入,而这些投入(主要)需要公共财政的支持。结合上面所述,可以说,公共财政支持数字教育的发展所需的财力、物力投入是发展数字教育的根本所在。

二、当前数字教育所需的公共财政支持缺乏刚性要求

数字教育需要公共财政的支持。然而,一个不争的事实是需要

---

① 习近平:《决胜全面建成小康社会　夺取新时代中国特色社会主义伟大胜利——在中国共产党第十九次全国代表大会上的报告》,载《人民日报》2017 年 10 月 28 日第 1 版。

② 王春业、聂佳龙:《从"三公"经费公开谈人大预算权的落实》,载《云南大学学报》(法学版)2013 年第 1 期。

公共财政支持的领域相当多，如国防、外交、公共基础设施建设、科学技术、文化体育与传媒、社会保障和就业、社会保障，而且更为重要的是财政赤字情况时常发生。因此，为了确保每一个领域所需的公共财政支持能够得到保障并且不会挤占其他领域所需的财政支持，都会对其财政预算安排及其实际执行情况等作出刚性的要求。

具体到数字教育方面，无论是中央还是地方目前都没有关于数字教育的专门预算安排。作出该判断的主要依据有二。一是，教育部 2023 年度部门决算。该决算显示，支出科目包括一般公共服务支出（包括纪检监察事务、派驻派出机构等）、外交支出（包括其他驻外机构支出、对外援助、国际组织会费、国际组织捐赠、其他外交支出等）、教育支出（包括行政运行、一般行政管理事务、机关服务、其他教育管理事务支出、小学教育、高中教育、高等教育、广播电视教育、出国留学教育、来华留学教育、其他留学教育支出、教师进修、其他教育支出等）、科学技术支出（包括机构运行、实验室及相关设施、重大科学工程、科技人才队伍建设、社会公益研究、高技术研究、科技条件专项、科技重大专项、乏燃料后处理、其他乏燃料处理处置基金支出、其他科学技术支出等）、文化旅游体育与传媒支出（包括文化创作与保护、文物保护、出版发行、宣传文化发展专项支出、文化产业发展专项支出、行政事业单位养老支出、行政单位离退休、离退休人员管理机构、机关事业单位基本养老保险缴费、机关事业单位职业年金缴费支出等）、卫生健康支出（包括公立医院、行业医院等）、农林水支出（包括其他农业农村支出等）、交通运输支出（包括民航安全、其他民航发展基金支出等）、资源勘探工业信息等支出（包括工艺品及其他制造业、其他制造业支出等）、住房保障支出（包括住房公积金、提租补贴、购房补贴等）、国有资本经营预算支出（包括国有经济结构调整支出、支持科技进步支出等）、其他支出（包括用于教育事业的彩票公益金支出等)①。二是，浙江省出台的《浙江省数字教育高质量发展行动计划(2024—2027 年)》(以下简称《行动计划》)。浙江省是率先针对数字教育出台行动计划的省份。纵观《行动计划》，其中"保障机制"中"经费保障"的内容是"各级教育行政部门和高校要统筹现有资金渠道，切实保障数字教育经费投入，引导社会资本支持数字教育发展。推动完善教育信息化专项经费转移支付和绩效评价机制。鼓励高校加大对智慧校园建设、数字教育产品研发、数字教育试点、网络安全等项目的投入，强化经费保障"②。可见，浙江省并没有专门针对数字教育的财政预算。

　　既然无论是中央政府还是地方政府都没有专门针对数字教育的财政预算，那么也就不存在对该预算执行情况的刚性要求。

　　之所以没有专门针对数字教育的财政预算及其执行情况的刚性要求，本书认为主要的原因可能是以下两个。

　　其一，数字教育所需的公共财政支持目前难以做出规定。当下数字教育是新的事物。发展数字教育需要哪些财力、物力投入，目前还没完全的定论。这导致数字教育需要多少的公共财政支持难以确定。

　　其二，数字教育所需的公共财政支持在现有的教育经费安排下难以实现。虽然近十多年来我国的教育经费支出比低于全国 GDP 总量的 4%，但与世界教育强国相比存在较大的差距③，而且"教育总体条件还不是很理想"④。可见，在我国现有的经济安排下，难以专

---

　　①　教育部政府门户网站，http://www.moe.gov.cn/jyb_xxgk/xxgk/neirong/caizheng/202407/t20240725_1142730.html，最后访问日期：2024 年 10 月 25 日。

　　②　浙江省教育厅官网，http://jyt.zj.gov.cn/art/2023/12/29/art_1532985_58941553.html，最后访问日期：2024 年 10 月 25 日。

　　③　据报道，世界银行整理的各国教育支出在 GDP 的占比显示，美国为 5.6%、欧盟为 5%、英国为 5.1%、澳大利亚为 5.2%。网易网，https://www.163.com/dy/article/J7UUT9PJ0519QIKK.html，最后访问日期：2024 年 10 月 25 日。

　　④　习近平：《论教育》，中央文献出版社，2024 年版，第 79 页。

门用于数字教育所需的公共财政支付。

在如上所述的情况下,根据实际需要,在已有的教育财政支出科目中调剂出数字教育所需的公共财政支出无疑是最务实的做法。但我们必须清楚地知道,这种被认为是最务实的做法在现实中得到落实至少要满足这样两个条件:1)有调剂出用于数字教育的公共财政经费的意愿,且2)有能调剂出用于数字教育的公共财政经费。当下,这两个条件在每个地方是否都能同时满足是值得怀疑的,因为教育经费被挤占、挪用现象屡有发生。例如,云南省公布"2023 年度省级预算执行和其他财政收支的审计工作报告"披露,该省有 3 个市本级及 18 个县应保障未保障教育经费 6.41 亿元;还有 21 个县截留、挪用教育经费 11.49 亿元(其中,2 个县因为挪用教育经费 4.47 亿元,导致 56 所学校生均经费保障不到位、17 个建设项目未能按时开工、308所普惠性幼儿园未获补助、11.50 万人次学生未及时领到资助金)①。可见,在已有的教育财政支出科目中调剂出数字教育所需的公共财政支出,并以此来发展数字教育具有一定的风险性,这种风险性体现为支持数字教育发展的公共财政收入这一根本性条件得不到切实的保障。前面已指出了发展数字教育的重要性与紧迫性。因此,当前数字教育所需的公共财政支持缺乏刚性要求无疑是阻碍数字教育发展的一个必须重视和亟须解决的问题。

三、克服数字教育发展所需财(物)力投入方面的担忧需发挥法治固根本的保障作用

数字教育发展所需的公共财政支持缺乏刚性要求虽然不会必然阻碍数字教育的发展,但却会让我们产生这样的担忧:如果现实中因为种种原因导致数字教育发展所需的公共财政支持时有时无甚至是

---

① 腾讯网,https://new.qq.com/rain/a/20240821A08EA300?suid=&media_id=,最后访问日期:2024 年 10 月 25 日。

无法落实,那么势必会迟滞我国数字教育的发展。这种担忧并非杞人忧天,也并非庸人自扰。我们可以以江西省为例。江西省面临实际情况是:一方面,江西省和全国一样,在教育信息化方面已进行了持续的投入,但也存在着"专注解决'有没有'的问题,忽视了'好不好'的问题。……多数学校具备一定的数字化教学条件,但存在部分地区的学校数字化设备明显老旧、未更换升级"等[1]问题,而这些问题的解决需要持续性投入大量的公共财政;另一方面,江西省经济发展水平相对欠发达,导致在教育投入方面与周边省份存在一定的差距(见表7)。那么,在江西省经济增长不乐观的情况下,如何确保各级各类学校数字化设备的更换升级等的公共财政投入不会因此受到实质性的影响? 因此,面对因数字教育发展所需的公共财政支持缺乏刚性要求带来的担忧,我们要做的不是寄希望于不在现实中发生(在现实中发生的可能性似乎还比较大),而是采取有效的方法防范使其成为现实。

表 7　江西省及其部分周边省份 2020—2022 年教育经费总投入情况表

	2020 年教育经费总投入	2021 年教育经费总投入	2022 年教育经费总投入
江西省	1 581.63 亿元	1 655.51 亿元	1 895.70 亿元
安徽省	1 747.86 亿元	1 897.94 亿元	2 053.21 亿元
广东省	5 386.96 亿元	6 018.81 亿元	6 190.20 亿元
湖南省	1 885.26 亿元	2 003.85 亿元	2 210.05 亿元
湖北省	1 678.31 亿元	1 793.20 亿元	1 940.55 亿元

数据来源:根据 2020—2022 年各省教育厅网站发布的"全省教育经费执行情况统计公告"整理所得。

---

① 吴砥、冯倩怡、郭庆:《教育强国背景下数字教育的内涵、特点、难点与进路》,载《新疆师范大学学报(哲学社会科学版)》2024 年第 4 期。

前面已述及,公共财政支持是发展数字教育的根本性条件。于是,对数字教育发展所需的公共财政支持提出刚性要求在这个意义上讲,就是固数字教育之根本。党的二十大报告提出,法治具有固根本的保障作用。至此可以知道,采取有效的方法防范数字教育发展所需的公共财政支持带来的担忧不成为现实,法治是一个至少在逻辑上讲是可行的方法。本书认为,防范数字教育发展所需的公共财政支持带来的担忧不成为现实,法治不仅仅是可行的方法,也是应当选择的方法。其中的理由如下。

(一)用法治的方法克服数字教育发展所需财(物)力投入的担忧符合党的二十届三中全会的精神

用法治的方法克服数字教育发展所需财(物)力投入的担忧就是将其所需的公共财政支持制度化、法治化。这是"全面推进国家各方面工作法治化"的具体体现,因而是对党的二十届三中全会精神的贯彻。党的二十届三中全会之所以提出"全面推进国家各方面工作法治化",最为重要缘由在于法治的优越性。具言之,一般认为,法治的优越性包括一般性、公布、规则不溯及既往、清晰性、不得矛盾、无不能现实的规定、稳定性、一贯适用性[①]等。即便是根据常识,就可以知道与克服数字教育发展所需财(物)力投入的担忧之相关的法治优越性,至少包括清晰性和稳定性。"清晰性要求是合法性的一项最基本的要素"[②],因为国家法律指引人类行为内在要求它所确立的规则必须是清晰的。国家法律不能一成不变,但必须稳定。可见,法治的清晰性和稳定性这一优越性,要求数字教育发展所需的公共财政投入必须有一个清晰的规定,且这些规定不会因为客观原因或者领导

---

① Andrei. Marmori, The Rule of Law and Its limits, Law and Philosophy 23(1): 1—43, January 2004.

② [美]富勒:《法律的道德性》,郑戈译,商务印书馆,2005年版,第75页。

人注意力的改变而改变。这无疑能够消除数字教育发展所需财(物)力投入方面的担忧。

(二)用法治的方法克服数字教育发展所需财(物)力投入的担忧于我国教育事业发展经验的具体运用

因为我们党历来高度重视教育,以及"改革开放以来,我们党一贯高度重视法治"①,所以在我们党的领导下,我们国家也一贯注重教育发展所需的公共财政支持的法治化。比如,为了确保国家和地方各级人民政府切实履行教育投入职责,1995 年 3 月 18 日第八届全国人民代表大会第三次会议通过的《教育法》采用专章的形式——"教育投入与条件保障"——对教育投入进行了规定。此后,通过对《教育法》进行了多次修订,关于"教育投入"的规定更加具体更加充实②。又如,《民办教育促进法》第 45 条规定:"县级以上各级人民政府可以设立专项资金,用于资助民办学校的发展,奖励和表彰有突出贡献的集体和个人"。事实业已证明,在《教育法》《民办教育促进法》等法律规范关于教育投入的规范下,我国的教育事业取得了长足的发展。"从新中国成立之初的 10 人中有 8 人是文盲,到 2023 年新增

---

① 习近平:《论坚持全面依法治国》,中央文献出版社,2020 年版,第 85 页。

② 现行《教育法》第 54—58 条分别规定:"国家建立以财政拨款为主、其他多种渠道筹措教育经费为辅的体制,逐步增加对教育的投入,保证国家举办的学校教育经费的稳定来源。""国家财政性教育经费支出占国内生产总值的比例应当随着国民经济的发展和财政收入的增长逐步提高。具体比例和实施步骤由国务院规定。全国各级财政支出总额中教育经费所占比例应当随着国民经济的发展逐步提高。""各级人民政府的教育经费支出,按照事权和财权相统一的原则,在财政预算中单独列项。各级人民政府教育财政拨款的增长应当高于财政经常性收入的增长,并使按在校学生人数平均的教育费用逐步增长,保证教师工资和学生人均公用经费逐步增长。""国务院及县级以上地方各级人民政府应当设立教育专项资金,重点扶持边远贫困地区、少数民族地区实施义务教育。""税务机关依法足额征收教育费附加,由教育行政部门统筹管理,主要用于实施义务教育。省、自治区、直辖市人民政府根据国务院的有关规定,可以决定开征用于教育的地方附加费,专款专用。"

劳动力平均受教育年限超过 14 年;从 1980 年高校毕业生人数 14.7 万人,到 2022 年突破千万人;从 1949 年各类职业学校在校生仅 30 万人,到如今中高职学校每年培养 1 000 万名左右的高素质技术技能人才……"①。这一系列成就的取得虽然原因是多方面的,但也不能忽视法治在巩固公共财政支持这一教育发展根本性条件方面起着巨大的保障作用。因此,在实践已证明法治在固公共财政支持这一教育发展根本性条件方面具有保障作用的情况下,克服数字教育发展所需财(物)力投入的担忧自然要用法治的方法②。

英国哲学休谟在《人类理解研究》一书中提出:"人类理性(或研究)的一切对象可以自然分为两种,就是观念的关系(Relations of

① 教育部政府门户网站 http://www. moe. gov. cn/jyb_ xwfb/s5147/202409/t20240910_1150080.html,最后访问日期:2024 年 9 月 23 日。

② 2024 年出台的《学前教育法》为了实现学前教育是重要的社会公益事业,也采用了专章的形式对投入保障进行规定。《学前教育法》的"第六章 投入保障"共七条(即第60—66 条),分别规定"学前教育实行政府投入为主、家庭合理负担保育教育成本、多渠道筹措经费的投入机制。各级人民政府应当优化教育财政投入支出结构,加大学前教育财政投入,确保财政性学前教育经费在同级财政性教育经费中占合理比例,保障学前教育事业发展"(第 60 条)、"学前教育财政补助经费按照中央与地方财政事权和支出责任划分原则,分别列入中央和地方各级预算。中央财政通过转移支付对地方统筹给予支持。省级人民政府应当建立本行政区域内各级人民政府财政补助经费分担机制"(第 61 条)、"国务院和省级人民政府统筹安排学前教育资金,重点扶持农村地区、革命老区、民族地区、边疆地区和欠发达地区发展学前教育"(第 62 条)、"地方各级人民政府应当科学核定普惠性幼儿园办园成本,以提供普惠性学前教育服务为衡量标准,统筹制定财政补助和收费政策,合理确定分担比例。省级人民政府制定并落实公办幼儿园生均财政拨款标准或者生均公用经费标准,以及普惠性民办幼儿园生均财政补助标准。其中,残疾学前儿童的相关标准应当考虑保育教育和康复需要适当提高。有条件的地方逐步推进实施免费学前教育,降低家庭保育教育成本"(第 63 条)、"地方各级人民政府应当通过财政补助、购买服务、减免租金、培训教师、教研指导等多种方式,支持普惠性民办幼儿园发展"(第 66 条)、"国家建立学前教育资助制度,为家庭经济困难的适龄儿童接受普惠性学前教育提供资助"(第 61 条)、"国家鼓励自然人、法人和非法人组织通过捐赠、志愿服务等方式支持学前教育事业"(第 61 条)。《学前教育法》关于投入保障的规定,进一步证明了法治在固公共财政支持这一教育发展根本性条件方面具有保障作用。

Ideals)和实际的事情(Matters of Facts)"①。所谓的"观念的关系"和"实际的事情"实际上指的是理论层面的分析与实践层面的分析②。以此观照上面所述的两个理由不难发现,它们分别对应的是理论层面的分析与实践层面的分析。从这两个层面的分析中可以知道,它们均指向了克服数字教育发展所需财(物)力投入的担忧应当选择法治的方法,因为法治具有固根本的保障作用。因此,说克服数字教育发展所需财(物)力投入的担忧应当发挥法治固根本的保障作用并无不妥当之处。

第三节　数字教育发展所需政策支持方面担忧的法治克服

一、数字教育发展需要持续的稳定的政策支持

教育的发展需要人力、物力、财力等投入外,还离不开政策的支持。其中的原因是,作为教育主要载体的学校,一方面对政府具有资源依赖性,另一方面自主权利受政府的影响较为深刻③。实际前述两个原因是"一体两面":学校对政府存在较为严重的资源依赖性必然会导致它们的自主权利受到政府的影响,或者说,学校自主权利受政府的影响较为深刻的根本原因就是它们对政府存在较为严重的资源依赖性。也就是说,政策之所以对教育发展会产生影响的根本原因是政府掌握了教育发展所需的资源分配的权力。

---

① ［英］休谟:《人类理解研究》,关文运译,商务印书馆,1995 年版,第 26 页。
② 王振、聂佳龙:《大数据时代外来物种入侵行为入刑之思考》,载《萍乡学院学报》2017 年第 2 期。
③ 支继丹:《新时代中国高等教育供给质量优化研究》,吉林大学 2024 年博士学位论文。

前面已经述及,数字教育发展需要人力、财力、物力、信息等资源的投入。因而,数字教育发展自然离不开政策的支持。但相比于传统的教育形态,数字教育由于一种新的教育形态,从而能否得到政策的支持还有待商榷。即便是能得到政策的支持,该政策又能持续多久呢? 之所以会有这样的疑问,一个很重要的原因是政策是因事(势)而定,从而也会因事(势)而变。政策的这个特点往往会导致政策经常发生变化,稳定性不强。数字教育的发展当然需要持续的稳定的政策支持。可以试想下,如果支持数字教育发展的政策经常变动或者施行了一段时间后被废止了,数字教育发展情况是怎样的? 可以肯定的是,其发展情况不可能好于有持续的稳定的政策支持的数字教育发展情况。

或许有人会说,当数字教育发展得足够好的时候,对其支持的政策可以改变,而这种改变包括废止。这种说法在逻辑上确实没有什么可以指摘的。但这种说法成立的前提是"数字教育发展得足够好",而这个前提的得出恰恰是在政策持续地稳定地支持等情况下取得的。也就是说,基于数字教育发展得足够好的前提并不能得出数字教育发展不需要持续的稳定的政策支持的结论。

事实上,数字教育需要持续的稳定的政策支持不仅仅是因为它在当下是一个新鲜事物,而是包括数字教育在内的教育发展之内在要求。这是因为,政策是教育依赖生存和发展的基本环境。不难想象,如果基本环境很糟糕,教育发展势必会受阻,教育事业不可能会蓬勃向上发展。我国教育事业之所以能够取得今天的成就,与我们党一贯高度重视教育有关,出台了一系列发展教育的政策。这有力地证明了,数字教育想要得到发展,也离不开持续的稳定的政策支持。

由上可知,持续的稳定政策支持是数字教育发展的不可或缺条件,或者说数字教育发展需要持续的稳定政策支持。

二、当前支持数字教育发展政策的持续性与稳定性有待强化

当前,人类正经历"百年未有之大变局"。在此背景下,时代风云波澜壮阔,实践发展也波澜壮阔。时代的风云与实践的发展已对教育产生了全面且深刻的影响,当今世界的教育正在发生革命的变化。数字教育是这一革命化的一个缩影、一个集中体现。因此,人才培养与争夺成为各国提升综合国力的关键抓手当下,世界各国和国际组织出台了相应的政策(见表8)有助数字教育发展的数字化转型战略。

根据国内有关学者统计,截至 2022 年,在国家层面,欧盟出台了《数字教育行动计划 2021—2027》《欧洲教育工作者数字能力框架》(2017)和《欧洲公民数字能力框架的自我反思工具》(2020),美国出台了《帮助美国学生为 21 世纪做好准备:迎接技术素养的挑战》(NEIP 1996)、《数字化学习:为所有学生提供触手可及的世界课堂》(NETP 2000)、《迎来美国教育的黄金时代:因特网、法律和学生如何变革教育期望》(NETP 2004)、《面向教师的国家教育技术标准》(第二版)(2008)、《ISTE 教师标准》(2008)、《变革美国教育:技术推动学习》(NETP 2010)、《迎接未来学习——重思教育技术》(NEIP 2016)、《重塑技术在教育中的角色》(NETP 2017)、《ISTE 教育工作者标准》(2017),韩国出台了《教育信息化发展规划 Master Plan1》(1996—2000)、《教育信息化发展规划 Master Plan2》(2001—2005)、《教育信息化发展规划 Master Plan3》(2006—2010)、《教育信息化发展规划 Master Plan4》(2010—2014)、《教育信息化发展规划 Master Plan5》(2014—2018)和《教育信息化发展 Master Plan6》(2019—2023),新加坡出台了《教育信息化发展规划 Master Plan1》(1997—2002)、《教育信息化发展规划 Master Plan2》(2003—2008)、《教育信息化发展

规划 Master Plan3》(2009—2014)、《教育信息化发展规划 Master Plan4》(2015—2019)和《教育技术十年规划》(2020—2030);在国际组织层面,经济合作与发展组织(OECD)和联合国教科文组织(UNESCO)分别出台了《回到教育的未来:经合组织关于学校教育的四种图景》(2020)、《2021 年数字教育展望》(2021)和《一起重新构想我们的未来:为教育打造新的社会契约》(2021)等。①

"明者因时而变,知者随事而制。"面对在全球掀起的数字化浪潮已成为世界范围内教育变革的重要载体与发展方向的趋势,我国主动变革,于 2022 年正式启动实施国家教育数字化战略行动,并举办了世界数字教育大会等国际大会,发布了《北京共识》《上海倡议》等②。在这一系列政策的加持下,我国数字教育取得了优异的成绩,例如,2023 年中国"国家智慧教育平台"项目获得了 2022 年度联合国教科文组织教育信息化奖(该奖项是联合国系统内教育信息化的最高奖项)。

然而,地方层面在数字教育发展方面虽然也出台了一些支持政策,但总的来说在可行性方面无法避免招致人们的"怀疑":在规划期较短情况下,能否实现定得比较"高"的建设或发展目标。其中的缘由,可以从已出台省级政府层面支持数字教育发展政策的规划期限与建设目标或发展目标中感知到(表8)。当然,或许有人说规划并不是计划,并不必然要求实现规划设定的建设目标或发展目标。话虽可以这么说,但规划提出的建设目标或发展目标的目的是在于实现,因而即便是没有实现也是因为发生了没有预见的客观原因等。因

---

① 吴砥、李环、尉小荣:《教育数字化转型:国际背景、发展需求与推进路径》,载《中国远程教育》2022 年第 7 期。

② 教育部官方网站,https://hudong.moe.gov.cn/jyb_xwfb/s5148/202409/t20240909_1149962.html,最后访问日期:2024 年 9 月 24 日。

此,人们的"怀疑"并不是没有道理的。

表 8　部分省级政府层面支持数字教育发展政策中的建设或发展目标内容表

省(自治区、直辖市)	支持数字教育发展政策的名称	建设/发展目标
浙江省	《浙江省数字教育高质量发展行动计划(2024—2027年)》(2024)	到 2027 年,形成在国内处于领先水平、在国际具有影响力的数字教育高地,助推中国式现代化教育示范省建设①。
湖北省	《湖北省教育数字化战略行动计划(2023—2025年)》(2023)	到 2025 年,校园数字环境、教育数据中心、数字教育资源、教育数字应用、教育网络安全等教育数字化体系基本健全,优质数字教育资源广泛共享,教育教学水平明显提升,教育治理能力明显增强,数字化人才培养能力明显提高,契合数字时代的教育新模式基本形成,将教育数字化打造成湖北教育的品牌,发展水平走在全国前列,为全国教育数字化转型发挥引领作用②。
宁夏回族自治区	《宁夏教育数字化战略行动计划(2023—2027年)》(2023)	到 2027 年,基本建成绿色集约、智能高效、普惠便捷、安全可靠的教育新型基础设施体系、资源供给体系、创新应用体系、数字治理体系、安全保障体系,推动实现平台建设从功能升级向生态构建转变、资源服务从被动响应向主动感知转变、教育教学从融合应用向创新发展转变、人才培养从能力提升向素养建构转变、教育管理从单向管理向协同治理转变、教育决策从经验驱动向数据驱动转变,全区教育数字化整体发展水平迈入全国领先行列③。

---

①　浙江省教育厅官网,http://jyt.zj.gov.cn/art/2023/12/29/art_1532985_58941553.html,最后访问日期:2024 年 10 月 25 日。

②　湖北省人民政府网站,http://www.hubei.gov.cn/zfwj/ezbf/202308/t20230818_4802772.shtml,最后访问日期:2024 年 10 月 25 日。

③　宁夏回族自治区人民政府网站,https://www.nx.gov.cn/zwgk/qzfwj/202310/t20231008_4298094_wap.html,最后访问日期:2024 年 10 月 25 日。

省(自治区、直辖市)	支持数字教育发展政策的名称	建设/发展目标
福建省	《福建省教育数字化战略行动三年实施方案》(2023)	围绕立德树人根本任务,推动福建省教育数字化转型进入新阶段,智慧教育创新发展迈上新台阶,重点实现"四提升四支撑":"四提升"即以建设省教育专网提升教育数字化底座支持力、以共建共享优质数字教育资源提升教育服务质量优质均衡水平、以驱动教育数据提升教育治理能力、以强化信息技术应用提升师生信息素养;"四支撑"即以数字校园普及支撑传统学校数字转型、以信息技术融合创新与示范应用支撑教育教学方式变革、以过程化和数字化的电子学习档案建设支撑学生综合素质发展、以防护体系构建支撑绿色安全可信教育网络空间建设①。

即便是不讨论表 9 所列的支持数字教育发展政策提出的建设目标或发展目标可行性的"怀疑",但依然免不了会有这样的担忧产生:这些政策到期后,是否还会有新的政策的出台。此外,还有这样的担忧:目前那些还未出台支持数字教育发展政策的省(自治区、直辖市)是否会像浙江、宁夏等省区(自治区)那样在近几年内出台支持数字教育发展政策。这些担忧的存在,既折射出了数字教育发展需要持续的稳定的政策支持,也折射出了从地方层面看,数字教育发展所需的持续的稳定的政策支持能否实现存在不确定性。前述两个担忧带来的这两个"折射"恰恰表明了需要强化支持数字教育发展政策的持续性与稳定性。

① 福建省教育厅网站,http://jyt.fujian.gov.cn/xxgk/zdjc/202303/t20230303_6124371.htm,最后访问日期:2024 年 10 月 25 日。

三、克服数字教育发展所需政策支持方面的担忧需发挥法治稳预期的保障作用

根据学校的性质、所有权、资金来源、管理方式以及教育服务提供方式的不同,在我国有公办教育与民办教育之分。尽管政策对所有不同类型的教育有影响,但该种影响在民办教育上体现得尤为明显①。从全国看,我国拥有众多的各级各类民办教育学校。教育部发布的《2022 年全国教育事业发展统计公报》显示,全国共有各级各类民办学校 17.83 万所,占全国各级各类学校总数的比例 34.37%。在校生 5 282.70 万人,占全国各级各类在校生总数的比例 18.05%。其中:民办幼儿园 16.05 万所,占全国幼儿园总数的比例 55.49%;在园幼儿 2 126.78 万人,占全国学前教育在园幼儿的比例 45.96%。民办义务教育阶段学校 1.05 万所,占全国义务教育阶段学校总数的比例 5.23%;在校生 1 356.85 万人(含政府购买学位 736.37 万人)。民办普通高中 4 300 所,占全国普通高中总数的比例 28.62%;在校生 497.79 万人,占全国普通高中在校生的比例 18.34%。民办中等职业学校 2 073 所,占全国中等职业学校总数的比例 28.79%;在校生 276.24 万人,占全国中等职业教育在校生的比例 20.63%。民办高校 764 所[其中,普通本科学校 390 所;本科层次职业学校 22 所;高职(专科)学校 350 所;成人高等学校 2 所。民办普通、职业本专科在校生 924.89 万人,占全国普通、职业本专科在校生的比例 25.27%],占全国高校总数的比例 25.36%②。从地方看,有的省份各级各类民办学校也较多,例如江西省。根据《江西省 2023 年国民经济和社会发

---

① 黄洪兰:《非营利性民办高校支持政策研究》,东北师范大学 2019 年博士学位论文。

② 教育部官方网站,http://www.moe.gov.cn/jyb_sjzl/sjzl_fztjgb/202307/t20230705_1067278.html,最后访问日期:2024 年 9 月 24 日。

展统计公报》显示,截至 2023 年末普通高等学校(含普通、职业本专科)、普通高中、中等职业学校、初中阶段学校和小学分别是 109 所、568 所、272 所、2 249 所和 5 830 所,其中民办学校 6 665 所①。可见,无论从全国还是从地方看,能得出作为社会主义教育事业的重要组成部分的民办教育②取得巨大成就的结论。我国民办教育之所以能够取得如此巨大的成就,其中一个很重要的原因就是我国支持、促进民办教育发展的政策的持续性稳定性,特别是《民办教育促进法》的出台以及修订③。民办教育从无到有的发展经历告诉我们,持续的稳定的政策支持的重要性,而且这些支持政策最好是上升为法律。

之所以将民办教育的学校拎出来单独论述,是因为它的特殊性。这种特殊性体现为它的办学经费主要来源于学费等而不是财政拨款。前面已指出现实中很多的民办高校在本质上就是企业。仅凭这点就能在理论上断定没有政策支持的情况下,其促进数字教育发展的动力显然不会强于公办教育的学校。促进数字教育发展最终主体之一是包括民办教育学校在内的所有学校。数量众多的民办教育学校能否高质量完成促进数字教育发展的任务,从其发展经历来看应当需要持续的稳定的政策支持。即便不单独讨论民办教育的学校,我们依然可以得出学校在促进数字教育发展需要持续的稳定的政策支持之结论,因为政策对教育的影响在民办教育上体现得尤为明显,

---

① 江西省统计局官方网站,http://tjj.jiangxi.gov.cn/art/2024/3/30/art_38773_4835606.html,最后访问日期:2024 年 10 月 25 日。

② 《民办教育促进法》第 3 条规定:"民办教育事业属于公益性事业,是社会主义教育事业的组成部分。国家对民办教育实行积极鼓励、大力支持、正确引导、依法管理的方针。各级人民政府应当将民办教育事业纳入国民经济和社会发展规划。"

③ 黄洪兰:《非营利性民办高校支持政策研究》,东北师范大学 2019 年博士学位论文。

并非是政策对公办教育没有影响。

虽然政策具有帮助学校等对抗实施教育活动等过程中面临的不确定的作用,但这种作用往往表现出因事(势)而变、因时而变的特征。因事(势)而变、因时而变特征在凸显出政策灵活性的同时也凸显出政策的不稳定性。教育发展要以稳定的环境作为前提,这与政策的不稳定性存在一定的张力。当这种张力在现实中变得不可接受时,导致的后果表面看是教育事业会因为政策支持变化而不断地调整,实质上是教育事业发展会因为政策的预期稳定性差而陷入停滞。于是,就教育事业而言,它不仅需要政策的支持,还需要确保这些支持的政策具有较强的预期稳定性。这点对于数字教育发展而言尤为重要。前面已经述及数字教育是一个新的事物,从而怎么通过政策发力促进其发展并无成熟的经验,在此情况下很可能会出现已出台的政策没有取得预期效果而调整甚至废止已出台的情况,以及其他没出台支持数字教育发展政策的地方也很可能会因为已出台支持数字教育政策的地方没有取得较好的效果而推迟甚至不出台本地的支持数字教育发展政策。发展数字教育的意义与促进数字教育发展的紧迫性绝对不允许前述情况的发展。因此,想要促进数字教育发展必须确保支持政策的持续性和稳定性。

将政策法治化在促进产业发展领域中业已证明是确保支持政策持续性和稳定性的最佳方式。在本质上,数字教育与促进产业发展领域中的产业并无什么不同,都是代表着未来的新的事物。由此,确保支持数字教育发展政策的持续性和稳定性最佳的方式也应当是将这些政策法治化,发挥法治稳预期的保障作用。

本章行文至此可以知道,发展数字教育需要投入大量的人力、财力、物力等以及持续的稳定的政策支持,然而在这些方面都存在不同程度的担忧,而这些担忧的克服需要发挥法治的利长远、固根本和稳预期的保障作用。基于此,不难得出这样的结论:促进数字教育发展法治不可或缺,或者说应当在法治的轨道上促进数字教育发展。由该结论不可避免地引发出了这样一个问题:如何在法治的轨道上实现数字教育的发展。这是下一章的主题。

第四章　数字教育立法：在法治轨道上促进数字教育发展的先导

在法治的轨道上促进数字教育发展的前提当然是存在该轨道。法治包含立法、执法、司法、守法等诸多方面，或者说是"科学立法、严格执法、公正司法、全民守法"而形成的一种治理状态。于是，从逻辑上讲，立法是法治的先导，良法是善治的前提①。于是，在法治的轨道上促进数字教育发展首先思考的问题是：是否对其要对其立法。这是因为只有解决了这个问题（无论回答是肯定的还是否定的），才能清楚下面的讨论是怎样的。

第一节　数字教育立法的必要性

一、判断数字教育立法必要性的标准

既然在法治的轨道上促进数字教育发展，立法是先导，那么按照想当然的逻辑，讨论问题是如何制定关涉数字教育发展的法律规范性文件。这种想当然的逻辑与其说是预设了制定关涉数字教育发展的法律规范性文件是必要的，倒不如说它实际上将这个问题有意地回避掉了或者忽略了。因为"每个实施的法律文件都有按照自己的

---

① 黄文艺：《中国法治这十年》，载《中国司法》2022 年第 8 期。

面目进行再生产的能力"①,于是"立法,即以审慎刻意的方式制定法律,已被论者恰当地描述为人类所有发明中充满了严重后果的发明之一,其影响甚至比火的发现和火药的发明还要深远"②。如果对这个问题视而不见的话,虽然不必然会导致所制定的关涉数字教育发展的法律规范性文件被证明是现实不需要的,但这样的情况一经发生,带来的负面影响必然是深刻且持久:非但不能给数字教育发展提供保障,反而会给数字教育发展"添堵"。此外,《立法法》要求立法具有必要性③。因此,言及抑或思考如何在法治的轨道上促进数字教育发展,必须认真对待制定关涉数字教育的法律规范性文件是否必要这个问题。

制定关涉数字教育法治的法律规范性文件是否必要是一个判断。任何判断的作出都要依据一定的标准。于是,制定关涉数字教育法治的法律规范性文件是否必要的问题,首先要确定判断制定关涉数字教育法治的法律规范性文件的"必要"的标准。显而易见也是一如我们所知的一个标准是:是否存在关涉数字教育的法律规范性文件。基于这个标准进行判断,如果得到的答案是不存在,那么可以说有必要制定关涉数字教育法治的法律规范性文件;如果得到的答案是存在,那么还要追问已存的关涉数字教育法治的法律规范性文件能否满足数字教育发展所需,只有追问的回答是"能满足"才能说

---

① 聂佳龙、史克卓:《论作为新兴权利的公民启动权》,载《广州社会主义学院学报》2013 年第 2 期。

② [英]弗里德里希·冯·哈耶克:《法律、立法与自由》(第 1 卷),邓正来译,中国大百科全书出版社,2000 年版,第 113 页。

③ 例如,《立法法》第 42 条规定,列入常务委员会会议审议的法律案,因各方面对制定该法律的必要性、可行性等重大问题存在较大意见分歧搁置审议满两年的,或者因暂不付表决经过两年没有再次列入常务委员会会议议程审议的,由委员长会议向常务委员会报告,该法律案终止审议。

没有必要制定关涉数字教育法治的法律规范性文件。需要指出,这里所说的"能满足"指的是能克服上一章所论述的促进数字教育发展在人力、财力、物力、政策支持方面的担忧。

当然,判断制定关涉数字教育法治的法律规范性文件是否必要的标准并不只有前面所述的那个。但无论另外的标准是什么,在本质上与前文所述的并不会有什么不同。这是因为在立法学中,判断制定某个法律规范性文件是否"必要""首先要分析现有法律规范和现有制度是否能够解决特定问题;其次再分析能否判断制定关涉数字教育法治的法律规范性文件是否必要的标准通过其他手段解决特定问题"①,如果答案都是否定的,那么制定该法律规范性文件是"必要"的;反之,制定该法律规范性文件的必要性则不成立。基于此,本书不但不打算探究判断制定关涉数字教育法治的法律规范性文件是否必要的其他标准,而且也只用上前面所述的标准来分析数字教育立法的必要性。

二、我国存在关涉数字教育的法律规范性文件

我们党和国家历来重视教育立法工作,制定了一系列关于教育的法律规范。仅从《立法法》中的"法律"层面看,就有《教育法》《家庭教育促进法》《民办教育促进法》《义务教育法》《职业教育法》《高等教育法》《教师法》《学位法》等。此外,《民法典》《老年人权益保障法》《青少年保护法》《残疾人保障法》《预防未成年人犯罪法》《国家通用语言文字法》《兵役法》等法律也有涉及教育的规定。从前述这些法律看,有不少法律中有关涉数字教育的内容(见表9)。

---

① 王春业:《立法学》,河海大学出版社,2024年版,第228页。

表 9　部分教育法律规范性文件中与数字教育相关条款的内容一览表

名　　称	与数字教育相关条款的内容
《教育法》 (1995 年 3 月 18 日第八届全国人民代表大会第三次会议通过　根据 2009 年 8 月 27 日第十一届全国人民代表大会常务委员会第十次会议《关于修改部分法律的决定》第一次修正　根据 2015 年 12 月 27 日第十二届全国人民代表大会常务委员会第十八次会议《关于修改〈中华人民共和国教育法〉的决定》第二次修正　根据 2021 年 4 月 29 日第十三届全国人民代表大会常务委员会第二十八次会议《关于修改〈中华人民共和国教育法〉的决定》第三次修正)	第 11 条第 1 款:国家适应社会主义市场经济发展和社会进步的需要,推进教育改革,推动各级各类教育协调发展、衔接融通,完善现代国民教育体系,健全终身教育体系,提高教育现代化水平。 第 20 条第 3 款:国家鼓励发展多种形式的继续教育,使公民接受适当形式的政治、经济、文化、科学、技术、业务等方面的教育,促进不同类型学习成果的互认和衔接,推动全民终身学习。 第 35 条:国家实行教师资格、职务、聘任制度,通过考核、奖励、培养和培训,提高教师素质,加强教师队伍建设。 第 42 条:国家鼓励学校及其他教育机构、社会组织采取措施,为公民接受终身教育创造条件。 第 66 条:国家推进教育信息化,加快教育信息基础设施建设,利用信息技术促进优质教育资源普及共享,提高教育教学水平和教育管理水平。县级以上人民政府及其有关部门应当发展教育信息技术和其他现代化教学方式,有关行政部门应当优先安排,给予扶持。国家鼓励学校及其他教育机构推广运用现代化教学方式。
《家庭教育促进法》 (2021 年 10 月 23 日第十三届全国人民代表大会常务委员会第三十一次会议通过)	第 25 条:省级以上人民政府应当组织有关部门统筹建设家庭教育信息化共享服务平台,开设公益性网上家长学校和网络课程,开通服务热线,提供线上家庭教育指导服务。

续表

名　　称	与数字教育相关条款的内容
《义务教育法》 (1986 年 4 月 12 日第六届全国人民代表大会第四次会议通过　2006 年 6 月 29 日第十届全国人民代表大会常务委员会第二十二次会议修订　根据 2015 年 4 月 24 日第十二届全国人民代表大会常务委员会第十四次会议《关于修改〈中华人民共和国义务教育法〉等五部法律的决定》第一次修正　根据 2018 年 12 月 29 日第十三届全国人民代表大会常务委员会第七次会议《关于修改〈中华人民共和国产品质量法〉等五部法律的决定》第二次修正)	第 6 条:国务院和县级以上地方人民政府应当合理配置教育资源,促进义务教育均衡发展,改善薄弱学校的办学条件,并采取措施,保障农村地区、民族地区实施义务教育,保障家庭经济困难的和残疾的适龄儿童、少年接受义务教育。国家组织和鼓励经济发达地区支援经济欠发达地区实施义务教育。
《职业教育法》 (1996 年 5 月 15 日第八届全国人民代表大会常务委员会第十九次会议通过　2022 年 4 月 20 日第十三届全国人民代表大会常务委员会第三十四次会议修订)	第 31 条:国家鼓励行业组织、企业等参与职业教育专业教材开发,将新技术、新工艺、新理念纳入职业学校教材,并可以通过活页式教材等多种方式进行动态更新;支持运用信息技术和其他现代化教学方式,开发职业教育网络课程等学习资源,创新教学方式和学校管理方式,推动职业教育信息化建设与融合应用。
《高等教育法》 (1998 年 8 月 29 日第九届全国人民代表大会常务委员会第四次会议通过　根据 2015 年 12 月 27 日第十二届全国人民代表大会常务委员会第十八次会议《关于修改〈中华人民共和国高等教育法〉的决定》第一次修正　根据 2018 年 12 月 29 日第十三届全国人民代表大会常务委员会第七次会议《关于修改〈中华人民共和国电力法〉等四部法律的决定》第二次修正)	第 12 条:国家鼓励高等学校之间、高等学校与科学研究机构以及企业事业组织之间开展协作,实行优势互补,提高教育资源的使用效益。国家鼓励和支持高等教育事业的国际交流与合作。

名　称	与数字教育相关条款的内容
《教师法》 (1993 年 10 月 31 日第八届全国人民代表大会常务委员会第四次会议通过　根据 2009 年 8 月 27 日第十一届全国人民代表大会常务委员会第十次会议《关于修改部分法律的决定》修正)	第 4 条:各级人民政府应当采取措施,加强教师的思想政治教育和业务培训,改善教师的工作条件和生活条件,保障教师的合法权益,提高教师的社会地位。 第 7 条:教师享有下列权利:……(六)参加进修或者其他方式的培训。 第 9 条:为保障教师完成教育教学任务,各级人民政府、教育行政部门、有关部门、学校和其他教育机构应当履行下列职责:(一)提供符合国家安全标准的教育教学设施和设备;(二)提供必需的图书、资料及其他教育教学用品……。 第 19 条:各级人民政府教育行政部门、学校主管部门和学校应当制定教师培训规划,对教师进行多种形式的思想政治、业务培训。 第 21 条:各级人民政府应当采取措施,为少数民族地区和边远贫困地区培养、培训教师。
《民办教育促进法》 　(2002 年 12 月 28 日第九届全国人民代表大会常务委员会第三十一次会议通过　根据 2013 年 6 月 29 日第十二届全国人民代表大会常务委员会第三次会议《关于修改〈中华人民共和国文物保护法〉等十二部法律的决定》第一次修正　根据 2016 年 11 月 7 日第十二届全国人民代表大会常务委员会第二十四次会议《关于修改〈中华人民共和国民办教育促进法〉的决定》第二次修正　根据 2018 年 12 月 29 日第十三届全国人民代表大会常务委员会第七次会议《关于修改〈中华人民共和国劳动法〉等七部法律的决定》第三次修正)	第 30 条:民办学校应当对教师进行思想品德教育和业务培训。

续表

名　　称	与数字教育相关条款的内容
《学前教育法》 (2024 年 11 月 8 日第十四届全国人民代表大会常务委员会第十二次会议通过)	第 20 条　面向学前儿童的图书、玩具、音像制品、电子产品、网络教育产品和服务等,应当符合学前儿童身心发展规律和年龄特点。

从表 9 中可以知道,我国现有教育的专门性法律规范文件已有与数字教育相关的规定。这能够表明我国已有关涉数字教育内容的法律规范性文件。根据上面确立的判断数字教育立法必要性标准,这并不能说明数字教育立法的必要性不成立。也就是说,数字教育立法是否是必要的,还需进一步追问,即已有关涉数字教育的法律规范性文件能否保障数字教育的发展。

三、已有关涉数字教育的法律规范性文件不能完全克服数字教育发展的担忧

上一章已指出,在法治的轨道上促进数字教育发展的根本原因是法治的利长远、固根本和稳预期的保障作用能够克服数字教育发展所需的人力、财(物)力和政策支持方面的担忧。于是,追问已有关涉数字教育的法律规范性文件能否保障数字教育发展就是看这些法律规范性文件克服数字教育发展所需的人力、财(物)力和政策支持方面的担忧。如果答案肯定的,那么就没有必要再制定关涉数字教育法治的法律规范性文件;反之,如果答案是否定的,则有必要制定关涉数字教育法治的法律规范性文件。

（一）已有关涉数字教育的法律规范性文件不能完全克服数字教育发展所需人力方面的担忧

如果仅从已有关涉数字教育的法律规范性文件名称看,与数字教育发展所需的人力联系最紧密的法律规范性文件显然是《教师

法》。从表9中可以知道,《教育法》中与数字教育相关的内容主要是教师的业务培训。数字教育发展所需人力方面的担忧之一因为人口减少等原因导致能够胜任数字教育的教育者投入不足而迟滞数字教育发展。也就是说,关于教师业务培训的规定并不能缓解这一担忧。当然,《教师法》对教育者的投入做了规定,第15条规定:"各级师范学校毕业生,应当按照国家有关规定从事教育教学工作。国家鼓励非师范高等学校毕业生到中小学或者职业学校任教"。此外,《义务教育法》也对义务教育所需的教育者投入做了规定,比如,第33条规定:"国务院和地方各级人民政府鼓励和支持城市学校教师和高等学校毕业生到农村地区、民族地区从事义务教育工作国家鼓励高等学校毕业生以志愿者的方式到农村地区、民族地区缺乏教师的学校任教。县级人民政府教育行政部门依法认定其教师资格,其任教时间计入工龄"。但由于数字教育在当下属于新的事物,目前大多数各级师范学校的人才培养较少甚至是没有涉及数字教育。基于此,在当下说已有关涉数字教育的法律规范性文件并不能完全克服数字教育发展所需的人力方面的担忧并没有什么不妥当的。

(二)已有关涉数字教育的法律规范性文件不能完全克服数字教育发展所需财(物)力方面的担忧

前面已指出,我国很早就在《教育法》中以专章的形式规定教育所需的财(物)力投入。除了《教育法》之外,《义务教育法》也采用了该形式——"第六章 经费保障"——规定义务教育所需的财力投入。从内容来看,该章主要是从这样几方面保障义务教育所需的经费:第一,将义务教育全面纳入财政保障范围①;第二,建立学生人均

---

① 第42条:国家将义务教育全面纳入财政保障范围,义务教育经费由国务院和地方各级人民政府依照本法规定予以保障。国务院和地方各级人民政府将义务教育(转下页)

公用经费基本标准制度①;第三,国务院和地方政府根据职责共同负担义务教育经费投入②;第四,财政预算中将义务教育经费单列③;第五,通过财政转移支付加大或增加义务教育的财政投入④;第六,设立专项资金⑤;第七,国家鼓励社会组织和个人向义务教育捐赠⑥;第八,义务教育经费严格按照预算规定用于义务教育⑦;第九,建立健全义务教育经费的审计监督和统计公告制度⑧。此外,《职业教育法》《高等教育法》《民办教育促进法》等都采用了专章形式规定财

(接上页)经费纳入财政预算,按照教职工编制标准、工资标准和学校建设标准、学生人均公用经费标准等,及时足额拨付义务教育经费,确保学校的正常运转和校舍安全,确保教职工工资按照规定发放。国务院和地方各级人民政府用于实施义务教育财政拨款的增长比例应当高于财政经常性收入的增长比例,保证按在校学生人数平均的义务教育费用逐步增长,保证教职工工资和学生人均公用经费逐步增长。

①　第43条:学校的学生人均公用经费基本标准由国务院财政部门会同教育行政部门制定,并根据经济和社会发展状况适时调整。制定、调整学生人均公用经费基本标准,应当满足教育教学基本需要。省、自治区、直辖市人民政府可以根据本行政区域的实际情况,制定不低于国家标准的学校学生人均公用经费标准。特殊教育学校(班)学生人均公用经费标准应当高于普通学校学生人均公用经费标准。

②　第44条:义务教育经费投入实行国务院和地方各级人民政府根据职责共同负担,省、自治区、直辖市人民政府负责统筹落实的体制。农村义务教育所需经费,由各级人民政府根据国务院的规定分项目、按比例分担。各级人民政府对家庭经济困难的适龄儿童、少年免费提供教科书并补助寄宿生生活费。义务教育经费保障的具体办法由国务院规定。

③　第45条:地方各级人民政府在财政预算中将义务教育经费单列。县级人民政府编制预算,除向农村地区学校和薄弱学校倾斜外,应当均衡安排义务教育经费。

④　第46条:国务院和省、自治区、直辖市人民政府规范财政转移支付制度,加大一般性转移支付规模和规范义务教育专项转移支付,支持和引导地方各级人民政府增加对义务教育的投入。地方各级人民政府确保将上级人民政府的义务教育转移支付资金按照规定用于义务教育。

⑤　第47条:国务院和县级以上地方人民政府根据实际需要,设立专项资金,扶持农村地区、民族地区实施义务教育。

⑥　第48条:国家鼓励社会组织和个人向义务教育捐赠,鼓励按照国家有关基金会管理的规定设立义务教育基金。

⑦　第49条:义务教育经费严格按照预算规定用于义务教育;任何组织和个人不得侵占、挪用义务教育经费,不得向学校非法收取或者摊派费用。

⑧　第50条:县级以上人民政府建立健全义务教育经费的审计监督和统计公告制度。

（物）投入，即《职业教育法》的"第六章　职业教育的保障"、《高等教育法》的"第七章　高等教育投入和条件保障"和《民办教育促进法》的"第五章　学校资产与财务管理"和"第七章　扶持与奖励"。然而，前面所论述的数字教育发展所需的财（物）力方面担忧产生的背景，恰恰是已有这些关涉数字教育的法律规范性文件。由此推之可得，即便是已有关涉数字教育的法律规范性文件，也不能完全克服数字教育发展所需的财（物）力方面的担忧。

（三）已有关涉数字教育的法律规范性文件不能完全克服数字教育发展所需政策支持方面的担忧

目前尽管国家层面和地方政府层面都出台有利于促进数字教育发展的政策，但可以肯定的是无论是国家还是地方都没有将其中比较好的经验或已成熟的经验加以总结，并予以制度化、法治化。也就是说，当前已有促进数字教育发展的政策是否是持续的稳定的，在目前来说还有待进一步观察。而现有的法律规范性文件中关涉数字教育发展的规定，不能确保已有促进数字教育发展政策的持续性稳定性。从表9所列举的内容看，除了与促进数字教育发展所需的人力、财（物）力外，主要是终身学习与教育信息化。其中，关于终身学习内容主要是倡导性规定。第一章已指出教育信息化虽然与数字教育有交集，但两者无论是外延还是内涵皆不能完全等同。更为重要的是，除了《家庭教育促进法》外，表中所列举的其他关涉数字教育的法律规范性文件关于教育信息化之规定，很多的规定也都是倡导性的。从法理的角度看，倡导性的规定意味着规范对象有选择的空间。于是，仅靠这些具有选择空间的倡导性规定来实现促进数字教育发展政策的持续性稳定性之目的，显然有待商榷（更何况教育信息化与数字教育还有相当的不同）。因此，可以说，已有关涉数字教育的法律规范性文件不能完全克服数字教育发展所需政策支持方面的担忧。

由上可知，虽然我国有关涉数字教育的法律规范性文件，但这些法律规范性文件并不能完全克服数字教育发展所需人力、财力、物力以及政策支持方面的担忧。根据本书确立的判断数字教育立法必要性标准，得出结论是数字教育立法在我国是有必要的。

第二节　数字教育立法的可能定位

数字教育立法的必要性只是解决了我国应当制定关于数字教育的法律规范性文件的问题，并没有解决什么时候制定、具体由谁去制定等一系列问题。基于前面所述的促进数字教育发展的意义与紧迫性，可以肯定的是在理论上当下就要认真对待数字教育立法的问题，或者说当下就要着手筹划数字教育立法的工作。也就是说，什么时候制定关于数字教育的法律规范性文件在当下已不是一个需要讨论的问题。于是，关于数字教育立法的问题只剩下具体由谁去制定的问题。如果笼统地看，这个剩下的问题也是一个不需要讨论的问题：肯定是由国家制定，因为它享有立法权。但是，这样回答并不能解决任何的问题，其中的原因是在我国享有立法权的主体是多元的，而且它们的立法权限不一样，从而会导致制定的法律规范性文件的位阶、适用范围等不一样。从适用范围的角度看，数字教育重要性决定了推进数字教育不是局限于某地区、某省（自治区、直辖市）等，因而数字教育立法之目的是制定能够在全国范围内适用的法律规范性文件。根据《立法法》的有关规定，法律和行政法规都可以在全国范围内适用。于是，具体由谁制定关于数字教育的法律规范性文件问题，首先需要的是该法律规范性文件是法律还是行政法规。无论最后得出的结论是怎样，接下来还需要讨论立法模式等问题。因此，"是制定法律还是制定行政法规"与"立法模式是法典式、分散式，还是两者兼采的结合式"。

一、是制定法律还是制定行政法规

之所以需要讨论是制定法律还是制定行政法规的问题,最主要的原因是当下制定关于数字教育的法律的时机似乎还不成熟,因为数字教育在当下是一个新的事物。根据《立法法》有关规定,存在某些尚未制定法律的情形,全国人民代表大会及其常务委员会有权作出授权国务院可以根据实际需要先制定行政法规[①]。但需要注意的是,根据《立法法》第 11、13 条规定——"授权立法事项,经过实践检验,制定法律的条件成熟时,由全国人民代表大会及其常务委员会及时制定法律。法律制定后,相应立法事项的授权终止。""全国人民代表大会及其常务委员会可以根据改革发展的需要,决定就行政管理等领域的特定事项授权在一定期限内在部分地方暂时调整或者暂时停止适用法律的部分规定。暂时调整或暂时停止适用法律的部分规定的事项,实践证明可行的,由全国人民代表大会及其常委会及时修改有关法律;修改法律的条件尚不成熟的,可以延长授权的期限,或者恢复施行有关法律规定。"——可知,即便是全国人民代表大会及其常务委员会授权国务院制定关于数字教育的行政法规,授权期限也只是限于制定关于数字教育的法律条件尚不成熟的时期。也就是说,制定关于数字教育的法律是数字教育立法最终归宿。

当然,上述说法不可避免地遭受这样的质疑:数字教育立法的最终归宿真的是制定关于数字教育的法律吗? 这个质疑的言外之意

---

① 《立法法》第 12 条分别规定:"本法第八条规定的事项尚未制定法律的,全国人民代表大会及其常务委员会有权作出决定,授权国务院可以根据实际需要,对其中的部分事项先制定行政法规,但是有关犯罪和刑罚、对公民政治权利的剥夺和限制人身自由的强制措施和处罚、司法制度等事项除外。"

是,数字教育立法的最终归宿可不可以是行政法规。也就是说,这个质疑涉及的最根本的问题是什么事项应当制定法律,什么事项应当制定行政法规。其实,《立法法》清晰地给出了这个问题的答案:第10条规定:"全国人民代表大会和全国人民代表大会常务委员会行使国家立法权。全国人民代表大会制定和修改刑事、民事、国家机构的和其他的基本法律。全国人民代表大会常务委员会制定和修改除应当由全国人民代表大会制定的法律以外的其他法律;在全国人民代表大会闭会期间,对全国人民代表大会制定的法律进行部分补充和修改,但是不得同该法律的基本原则相抵触",第72条规定:"国务院根据宪法和法律,制定行政法规。行政法规可以就下列事项作出规定:(一)为执行法律的规定需要制定行政法规的事项;(二)宪法第八十九条①规定的国务院行政管理职权的事项。应当由全国人民代表大会及其常务委员会制定法律的事项,国务院根据全国人民代表大会及其常务委员会的授权决定先制定的行政法规,经过实践检验,制定

---

① 《宪法》第89条规定:"国务院行使下列职权:(一)根据宪法和法律,规定行政措施,制定行政法规,发布决定和命令;(二)向全国人民代表大会或者全国人民代表大会常务委员会提出议案;(三)规定各部和各委员会的任务和职责,统一领导各部和各委员会的工作,并且领导不属于各部和各委员会的全国性的行政工作;(四)统一领导全国地方各级国家行政机关的工作,规定中央和省、自治区、直辖市的国家行政机关的职权的具体划分;(五)编制和执行国民经济和社会发展计划和国家预算;(六)领导和管理经济工作和城乡建设、生态文明建设;(七)领导和管理教育、科学、文化、卫生、体育和计划生育工作;(八)领导和管理民政、公安、司法行政等工作;(九)管理对外事务,同外国缔结条约和协定;(十)领导和管理国防建设事业;(十一)领导和管理民族事务,保障少数民族的平等权利和民族自治地方的自治权利;(十二)保护华侨的正当的权利和利益,保护归侨和侨眷的合法的权利和利益;(十三)改变或者撤销各部、各委员会发布的不适当的命令、指示和规章;(十四)改变或者撤销地方各级国家行政机关的不适当的决定和命令;(十五)批准省、自治区、直辖市的区域划分,批准自治州、县、自治县、市的建置和区域划分;(十六)依照法律规定决定省、自治区、直辖市的范围内部分地区进入紧急状态;(十七)审定行政机构的编制,依照法律规定任免、培训、考核和奖惩行政人员;(十八)全国人民代表大会和全国人民代表大会常务委员会授予的其他职权。"

法律的条件成熟时,国务院应当及时提请全国人民代表大会及其常务委员会制定法律。"从前述规定看,如果硬要说还存在数字教育立法最后归宿是制定关于数字教育的法律还是制定关于数字教育的行政法律之争议的话,只能是数字教育立法是否属于第10条规定中的"其他的基本法律"范畴。本书认为属于,具体理由如下。

第一,从法理角度看,数字教育立法属于只能制定法律事项。行政法规的制定主体是国务院。国务院是我国最高的行政管理部门,必须依法行政。这一性质决定了行政法规不仅位阶低于法律,而且还应当是法律相关规定的具体化。从这一角度看,如果将数字教育立法属于制定行政法规的事项,会因为法律位阶低而导致促进数字教育发展而存在权威性不足的问题。此外,也是最重要的,根据前面分析已有关涉数字教育的法律规范性文件并不能完全解决制定关于数字教育的行政法规之依据问题。也就是说,制定关于数字教育的行政法规至少存在违反"维护社会主义法制的统一、尊严、权威"①的嫌疑。如果该嫌疑能够被坐实的话,那么既不符合宪法的原则和精神,也损害了国家整体利益。相反,如果将数字教育立法属于制定法律的事项则不存在这些问题。

第二,从现有关于教育的法律看,数字教育立法属于只能制定法律事项。《立法法》第11条规定:"下列事项只能制定法律:(一)国家主权的事项;(二)各级人民代表大会、人民政府、人民法院和人民检察院的产生、组织和职权;(三)民族区域自治制度、特别行政区制度、基层群众自治制度;(四)犯罪和刑罚;(五)对公民政治权利的剥夺、限制人身自由的强制措施和处罚;(六)税种的设立、税率的确定和税

---

① 《立法法》第5条规定:"立法应当符合宪法的规定、原则和精神,依照法定的权限和程序,从国家整体利益出发,维护社会主义法制的统一、尊严、权威。"

收征收管理等税收基本制度;(七)对非国有财产的征收、征用;(八)民事基本制度;(九)基本经济制度以及财政、海关、金融和外贸的基本制度;(十)诉讼和仲裁制度;(十一)必须由全国人民代表大会及其常务委员会制定法律的其他事项。"虽然从该条规定很难直接得出教育属于只能制定法律实现的结论,但从表9中所列明的《教育法》《教师法》《义务教育法》《职业教育法》《高等教育法》《家庭教育促进法》《民办教育促进法》等制定主体看就能知道教育属于"必须由全国人民代表大会及其常务委员会制定法律的其他事项"。此外,因为学位制度是高等制度的一项基本制度,于是,无论是已被废止的《学位条例》还是现行的《学位法》制定主体都是全国人大常委会。这更进一步证明了教育属于只能制定法律事项。前面已指出,数字教育是一种表征为需求驱动范式的教育形态,它的发展会导致已有很多教育制度发生变革。因此,从这点看,数字教育立法应该属于"必须由全国人民代表大会及其常务委员会制定法律的其他事项"之范畴。

　　由上可知,从法理上讲,将数字教育立法属于制定法律的事项既能符合宪法的原则和精神也不损害国家整体利益,而且根据《立法法》的规定数字教育立法属于制定法律的事项。因此,认为数字教育立法的最终归宿是制定关于数字教育的法律并无不妥。

二、是法典式立法模式、分散式立法模式还是结合式立法模式

　　既然确定了数字教育立法最终归宿是制定关于数字教育的法律,那么根据前面所述还需要思考数字教育立法模式的问题。一般而言立法模式主要有法典式立法模式、分散式立法模式和结合式立法模式等。具体到数字教育立法,法典式立法模式指的是制定一部专门关于数字教育的法律(典);分散式立法模式指的是将关于数字教育的相关内容增加到已有的法律之中;结合式立法模式指的是既

制定一部专门关于数字教育的法律(典),也把数字教育的相关内容增加到已有的法律之中。从概念来看,这三种立法模式都是可行的。当出现可选项是两个及以上且每个选项都可以选择时,选择最优的一个选项是首先要考虑的问题①。那么,前述三种立法模式哪个是最优的? 这个问题的回答,本书认为既要比较它们的优缺点,也要考虑与我国实际情况的相符程度。

(一)三种立法模式优缺点的揭示

法典式立法模式最大的优点是可以实现数字教育立法的系统化与整体化。数字教育立法的系统化与整体化好处有很多,比如,可以避免立法冗杂和法制破碎②。其中,立法冗杂主要表现为同一数字教育立法内容在不同的法律规范性文件中重复出现或者内容一样但仅有表述有所变化;法制破碎主要表现为数字教育的相关规定的增加或者修改、废止等必须等相关法律规范性文件的修改等才能实现,而这些法律规范性文件的修改等时间不是同步的,从而导致关于数字教育的内容会出现不一致甚至是相矛盾的情况。当然,法典式立法模式并非只有优点而没有缺点,缺点包括立法成本较大,以及可能会带来立法不节制的争论等。立法成本较大这个缺点好理解。为此需要着重论述下,立法不节制这个可能的缺点。现实中普存立法不节制的现象导致在我国形成了较强的立法万能主义思想:"把法律看成是包治百病的万能工具,对法律尤其是制裁性法律的迷信,造就了大规模立法,事无巨细,一概法律化。于是在遇到问题时,人们尤其是一些法律专家,过于夸大立法的功能,出言必称是立法的缺失,要

---

① 熊春泉、聂佳龙:《数据驱动型竞争异化风险的法律防控研究》,上海三联书店,2021年版,第78—80页。

② 吕忠梅、田时雨:《环境法典编纂何以能——基于比较法的背景观察》,载《苏州大学学报(法学版)》2021年第4期。

求通过立法进行规范；出了一个事件，就谓之法律不健全，就要求立法解决，本来可以用社会自治或政策、道德解决的，一定要求立法，对可以用低位阶法解决的，也一定要提升到国家法律层面。'认为一切社会矛盾都可以用法律或法治来解决；无论遇到何种社会问题，归结起来都是无法可依或有法不依造成的'"①。可见，如果数字教育立法真的存在"立法的不节制"这个缺点，不仅会造成立法资源的浪费，还会损害法治的权威。根据前面的分析，数字教育应该不存在"立法的不节制"。

分散式立法模式与法典式立法模式正好相反：后者的优点正是前者的缺点，后者的缺点正是前者的优点。表面看兼采法典式立法模式与分散式立法模式的结合式立法模式拥有这两种立法模式的优点，但仔细推敲就会发现这些优点在某种意义上何尝不是"缺点"：立法成本较大且立法冗杂和法制破碎问题并没有避免。

根据上面所述的法典式立法模式、分散式立法模式与结合式立法模式的优缺点，可以得出结论是结合式立法模式不成为数字教育立法最优立法模式的选项。因此，本书认为，数字教育立法的最优立法模式应该是在法典式立法模式与分散式立法模式中选出。

（二）三种立法模式与实际相符情况的比较

数字教育立法的最优模式在法典式立法模式与分散式立法模式中选出的潜台词是：最优的数字教育立法模式要么是前者，要么是后者。按照想当然的逻辑这意味着：若仅比较两者优点，选择的标准是"两利相权取其重"；若仅比较两者缺点，选择的标准是"两害相权取其轻"。由于法典式立法模式与分散式立法模式的优缺点正好相反，

①　王春业、聂佳龙：《论立法的节制性美德——从立法禁止"啃老"谈起》，载《福建行政学院学报》2015年第5期。

从而前面确立的选择标准并没有什么实际意义。于是,我们要从现实的实际情况来看。从这个角度看,首先要考虑的是避短问题,因为木桶理论告诉我们数字教育立法的质量如何、实效如何等,取决于立法模式的短板。因此,问题就聚焦于避免较大的立法成本与避免立法冗杂和法制破碎等,哪个更重要。

以经济学观点看,立法技术保持不变的情况下,立法的成本函数是 $Q = f(L \cdot K)$,其中 L、K 分别表示参与立法的人数和资金支持①。根据该函数,如果数字教育立法成本是我国某一年度的全部 GDP 和所有的国民参与立法,当我们付出这个代价制定出关于数字教育的法律,那么其意义何在? 当然,这种极端的情况在现实中不太可能出现,但它至少提示我们数字教育立法成本是一个必须认真对待的问题。同时,立法冗杂和法制破碎也是需要认真对待的问题。这两个问题在现实中会同时存在,而且往往是这两个问题不会呈现出一个问题表现得相对极端,另一个问题表现得相对不极端。这间接决定了避免立法冗杂和法制破碎等比避免立法成本较大更重要。当然,这种判断是基于经验的判断,而经验的判断并不一定可靠。因此,以该种判断得出避免立法冗杂和法制破碎等一定比避免较大的立法成本更重要显然是错误的。

实事求是地讲,经验判断不一定可靠并不代表该判断是百分之百是错误的。然而,避免立法冗杂和法制破碎等比避免较大的立法成本的重要这一基于经验判断得到的结论能够证成。《宪法》第 5 条第 2 款规定:"国家维护社会主义法制的统一和尊严"。然而,遍览《宪法》并无关于立法成本的规定。一如我们所知,《宪法》是我国的

① 聂佳龙:《法律市场论纲:作为经济分析法学的一种基础理论前言》,江西人民出版社,2013 年版,第 137 页。

根本大法。在《宪法》中有法制统一的规定而没有关于立法成本的规定，这表明了避免立法冗杂和法制破碎等一定比避免较大的立法成本更重要。或许有人对此会说，这只能表明避免法制破碎比避免立法成本较大更重要，但不能表明立法冗杂比避免立法成本较大更重要。实际上，立法冗杂既含节约立法成本之义，也含法制破碎之义。因此，无论从哪个角度看，都不会影响避免立法冗杂和法制破碎等一定比避免较大的立法成本更重要这一结论的正确性。

至此不难得出这样的结论：数字教育立法的最优立法模式应该是法典式立法模式。基于此，可以说应当将数字教育立法定位为制定专门的关于数字教育的法律。

第三节　数字教育促进型立法：
数字教育专门立法的最优定位

将数字教育立法定位为制定专门的关于数字教育的法律只是在宏观层面，解决了通过制定专门的法律实现数字教育立法的问题。但更重要的问题是如何制定专门的关于数字教育的法律。但在回答这个问题之前，还应当弄清楚该法律的具体定位，因为不同立法定位之下数字教育立法"将会产生不同取向的法条规定、立法结构、实施效果"[①]。"弄清楚该法律的具体定位"预设了数字教育专门立法存在多种定位。由此引发了这样一系列问题：1)数字教育专门立法是否存在多种定位，以及 2)这些定位哪个是最优的。

---

① 　陈云良：《民营经济专门立法的理据、定位及体系表达》，载《广东社会科学》2024年第 3 期。

数字教育及其立法研究

一、数字教育专门立法存在多种定位

从我国已有的关于教育的法律内容来看,大致可以分为管理型立法与促进型立法两类,前者如《教师法》《学位法》,后者如《民办教育促进法》《家庭教育促进法》。由此,如果将数字教育专门立法置于已有的关于教育的法律带来的场域中,可以得出数字教育专门立法有两种定位可以选择。当然,这个结论的得出前提是数字教育专门立法能置于已有的关于教育的法律带来的场域中。因此,有必要讨论数字教育专门立法能否置于已有的关于教育的法律带来的场域中这一问题的正确性。

如果从种属的角度看,数字教育专门立法可以置于已有的关于教育的法律带来的场域中。但不免会有人对此质疑。这一(些)质疑主要是源于已有的关于教育的法律之内容基本上要么是针对教育基本制度的,要么是针对某个类型教育的。然而,数字教育专门立法很难归为教育基本制度或某个类型教育。但是,如果以此来否定数字教育专门立法可以置于已有的关于教育的法律带来的场域中,也是武断的。这是因为,已有关于教育的法律都是为了解决教育领域中特定的问题而制定的,因而从它们内容的角度否定数字教育专门立法可以置于已有的关于教育的法律带来的场域中是值得怀疑。若要证明这种怀疑是合理的,依据之一是我国当下不存在教育法典,具体论证如下。

教育法典编撰未提上议程意味着还有其他的教育专门立法未制定。从《民法典》的经验来看,在其出台之前,我国已经施行了《婚姻法》《继承法》《收养法》《物权法》《担保法》《合同法》《侵权责任法》《民法总则》等①。而这些法律都是《民法典》中各编的内容,由此可知,

---

① 《民法典》第 1260 条规定:"本法自 2021 年 1 月 1 日起施行。《中华人民共和国婚姻法》、《中华人民共和国继承法》、《中华人民共和国民法通则》、《中华人民共和国收养法》、《中华人民共和国担保法》、《中华人民共和国合同法》、《中华人民共和国物权法》、《中华人民共和国侵权责任法》、《中华人民共和国民法总则》同时废止。"

在《民法典》出台前不存在制定其他的民事法律。此外，党的二十届三中全会提出，编撰生态环境法典。虽然该法典的草案没有公布，但肯定的是，该法典的内容都有已经施行的相关专门性法律，比如，《大气污染防治法》《水污染防治法》《海洋环境保护法》《噪声污染防治法》《固体废物污染防治法》《放射性物质污染防治法》《农药污染防治法》《气象法》《防洪法》《防震减灾法》《防沙治沙法》《野生动物保护法》《渔业资源保护法》《森林资源保护法》《草原资源保护法》《湿地保护法》《土地资源保护法》《水资源保护法》《矿产资源保护法》《电力法》《煤炭法》《原子能法》《长江保护法》《黄河保护法》《黑土地保护法》等。基于此，可以说，教育法典未提上议程意味着还有其他的教育专门立法。事实上我国还有其他的教育法律未制定。《教育法》第17条第1款规定："国家实行学前教育、初等教育、中等教育、高等教育的学校教育制度"。从表9中可以知道，当前我国还未出台《学前教育法》①。此外，《教育法》第11条规定，健全终身教育体系。然而，目前"终身教育法"还未提上议程。

由此有理由认为数字教育专门立法可以置于已有的关于教育的法律带来的场域中是正确的。既然如此，那么数字教育专门立法至少存在是促进性立法与管理型立法这两种定位。

二、数字教育专门立法符合促进型立法的标准

数字教育立法的定位至少有管理型立法与促进型立法，意味着其定位可能还有其他的。那么，数字教育立法是否有其他的定位呢？从法理角度看，除管理型立法、促进型立法外，还存在保护型立法等

---

① 目前《学前教育法》的制定已经在进行。2024年6月，十四届全国人大常委会第十次会议审议《中华人民共和国学前教育法（草案）》。

其他的定位。保护型立法一般适用于环境、资源等方面,旨在不让保护对象恶化甚至是消失。反向推之可得,保护对象原本是不需要保护,因为种种原因导致其需要保护且若不保护会危及人民的生存与发展。其中蕴含的潜台词是:(尽量)恢复到原来的良好状态。显然,数字教育立法的定位不符合这种立法定位。于是,数字教育专门立法的定位要么是管理型立法,要么是促进型立法。因此,这两种立法定位,哪个更适合数字教育专门立法呢? 这个问题的回答,首先要清楚这两个立法定位的不同。

"'促进型立法'则不同。第一,它较多地强调政府的服务功能,而不是管理功能,所以没有管理的相对人,因而对政府有过多的超越于其基本义务的要求;第二,在设范模式上,它虽然也强调政府对国家事务的管理与参与,但不像管理型立法那样强调权利义务与责任的对应,在规范方式上采用大量的任意性规范、授权性规范和鼓励性规范,虽然也有一些义务性规范,但是很少。受这些因素的制约,促进型立法在较多情况下具有内容上更加灵活、可问责性较差等特征,或者说'促进型立法'对相关主体的道德责任与综合素质有较高要求","'促进型立法'亦不是可有可无的。从一个国家的整体情况来看,用产业政策对国家经济发展的薄弱环节和弱势行业、新兴行业进行适当的调控、引导、鼓励、扶持,以消弭因为发展的不均衡而造成的问题,应当是十分必要的。所以,虽然促进型立法与管理型立法都是国家宏观调控的手段,但'促进型立法'是通过'引导'的方法鼓励发展,而'管理型立法'则是通过'规制'的方法让'发展有规则运行'。当通过促进型立法将某一产业或行业扶持发展起来之后'促进'就会被'管理'所取代,从而使市场规范化运作"①。虽然前面引用的话是

---

① 李艳芳:《"促进型立法"研究》,载《法学评论》2005年第3期。

针对经济立法而言,但从中可以知道,管理型立法与促进型立法的最重要的区别在于:其一,前者针对的对象是成熟的,后者则是针对的对象是不成熟的;其二,前者重在采用规制方法,后者重在采用引导方法。从这个最重要的区别中可以看出,究竟采用何种立法定位要取决于立法的对象是否成熟,以及采用的方法。因此,在这个意义上,这两个最重要的区别可以视为对某个行业、产业或者新兴领域立法,采用何种立法定位的标准。

以管理型立法与促进型立法的两个最重要区别观照数字教育专门立法,其立法定位更符合促进型立法。首先,数字教育专门立法的对象即数字教育,前面已反复指出是一个新的事物。数字教育是新的事物决定了其不是太成熟,最显见的例证就是作为概念的"数字教育"没有形成共识。其次,对数字教育专门立法的对象即数字教育对象采用的方法是引导。习近平总书记关于数字教育的重要论述是"进一步推进数字教育"。从语义分析角度,"进一步推进数字教育"意指进一步采取相应方式、方法来发展数字教育。此种含义与"'促进型立法'是通过'引导'的方法鼓励发展"在本质上是一致的。

三、数字教育专门立法定位为促进型立法的意义

党的二十届三中全会指出,制定民营经济促进法。很多学者在此之前主张将民营经济专门立法定位为促进型立法,并且认为它的功能更适合民营经济发展需要,能够更好地保护民营经济发展[①]。借鉴学界关于将民营经济专门立法定位为促进型立法的好处方面所形成的共识,可以知道将数字教育专门立法定位为促进型立法至少

---

① 陈云良:《民营经济专门立法的理据、定位及体系表达》,载《广东社会科学》2024年第3期。

有以下两方面的意义。

第一,促进型立法的功能更适合数字教育发展的需要。数字教育能够塑造教育发展新优势,但实事求是地讲这种新优势在当前并不彰显。因而,现实中有不少最终落实主体持观望甚至是怀疑态度。这种思想认识显然有碍于数字教育发展。这种思想认识的破除离不开国家的引导、鼓励。此外,更重要的是,数字教育发展需要投入大量的人力、财力、物力等,而这些投入恰恰是当前我国在促进数字教育发展方面亟须解决的问题。这一问题的解决自然离不开国家的扶持。促进型立法重在采用引导、鼓励、扶持等方法促进某一行业、产业或新兴领域的发展。从前面论述中不难知道,促进型立法这些功能更适合数字教育发展的需要。

第二,促进型立法能够为数字教育发展提供更好的保护。从教育的角度看,普遍认为教育发展需要国家不进行不适当的干预。当前,我国教育发展经常被议论的一个问题是政府对教育或学校的不适当的干预较多①,甚至对于"教育管理部门和行政管理人员来说,'全能政府'的影子无所不在、无所不管、无所不能的权力运行方式仍然存在,服务职能弱,服务理念缺乏,直接造成了管理越位"②。如果在促进数字教育发展过程中出现较多的政府不适当干预,不难想象它带来的负面是什么以及这些负面造成的影响是什么。促进型立法如前所述那样"在规范方式上采用大量的任意性规范、授权性规范和鼓励性规范",这意味着,一方面因为可问责性较低从而政府干预的

---

① 比如,新华网在2024年教师节期间发文指出,有的地方培训走过场,人数不够教师来凑,培训内容与教育教学毫无关系,让教师疲于应付;有的地方搞庆典、招商等与教育教学无关的事项,也要找教师、进校园;有的地方工作重"留痕",拍照打卡、"繁文缛节"让教师沦为"表哥表姐"等等。新华网,https://app.xinhuanet.com/news/article.html?articleId=44c56b1ef8ba34d7ab835fdeb1902946,最后访问日期:2024年9月30日。

② 钟海青:《比较教育管理》,广西教育出版社,2001年版,第79页。

动机不强,另一方面导致促进型立法的促进主体有法律依据拒绝政府不适当的干预。由此可知,将数字教育专门立法定位为促进型立法能够数字教育发展提供更好的保护。

至此可以知道,既然从管理型立法与促进型立法的标准看,数字教育专门立法更符合促进型立法标准,以及将数字教育专门立法定位为促进型立法至少其功能更适合数字教育发展的需要,能够为数字教育发展提供更好的保护等意义,那么我们有理由认为,数字教育专门立法的最优定位是促进型立法。申言之,实现在法治的轨道上促进数字教育发展,最好的方式是制定一部专门的数字教育促进型法律。

"立善法于天下,则天下治;立善法于一国,则一国治。"既然在法治的轨道上促进数字教育发展落脚于制定一部专门的数字教育促进法律,那么该部法律如何制定以及如何制定好无疑是一个需要予以认真对待的宏大议题。关于这一宏大议题的讨论,则是下一章的主题。

第五章　数字教育促进型立法的实现

一部法律的制定至少会涉及名称、体系化、主要内容以及未来的完善等内容。其中，主要内容与未来的完善比较好理解，从而不赘述。一部法律的制定之所以要涉及名称，是因为"法的名称作为法的内部结构中第一层次的、每个法必备的要件，它的科学化、完善化对立法、司法、守法以至于法学研究的科学化、完善化都具有重要意义……没有特定的合适的名字，显然容易导致立法和法律法规的混乱。法的名称可以有效避免法的实施、遵守、适用过程中造成的误解或滥用……如果法的名称混乱，势必会使立法者、执法者、司法者、守法者对法的内容、性质、效力产生疑惑，造成法的运行中的明显障碍"[①]。一部法律的制定之所以要涉及体系化，是因为"体系化是科学立法的关键维度之一。体系不是法律在形式上的追求，而是法律应当所具备的德性之一"[②]。在法治的轨道上促进数字教育发展要落脚于制定一部专门的数字教育促进型法律。基于前面所述，关于数字教育促进型立法实现的讨论，至少要涉及所要制定的专门数字教育促进型法律的名称、体系表达、主要内容、缺陷与补正等方面。

[①]　高轩：《立法学简明教程》，暨南大学出版社，2022年版，第154页。
[②]　陈云良：《民营经济专门立法的理据、定位及体系表达》，载《广东社会科学》2024年第3期。

第一节　制定"数字教育促进法"

一、由全国人大常委会制定数字教育促进型法律

（一）全国人大、国务院不适合成为数字教育促进型法律制定的主体

可以肯定的是,首先要制定的一部专门数字教育促进型法律不是针对每一个地区而制定的,也就是说其适用范围是全国;其次,要制定的一部专门数字教育促进型法律针对的所有各类各级教育。适用范围的全国性与规范对象的全覆盖性决定了要制定专门的数字教育促进型法律任务承担者最合适的主体是全国人大常委会。或许有人会说,为何全国人大或国务院不是最适合的主体。其中的理由如下。

第一,由全国人大制定专门的数字教育促进型法律不符合《立法法》的规定。《立法法》第10条第2款规定:"全国人大代表大会制定和修改刑事、民事、国家机构的和其他的基本法律"。从基本法律的角度看,数字教育促进型法律显然不是教育基本法律。从我国现行的教育法律规范看,《教育法》属于教育基本法律,因为该法是1995年3月18日第八届全国人民代表大会第三次会议通过。对于一个领域而言,只能有一部基本法。因此,在已有教育基本法律的情况下,由全国人大制定专门的数字教育促进型法律当然不符合《立法法》的规定。

第二,从长远看,由国务院制定专门的数字教育促进型法律不符合《立法法》的精神。根据《立法法》的规定,国务院有权根据宪法和法律制定行政法规,即"我国最高国家行政机关国务院根据宪法法律规定,在其职权范围内所制定的有关行政管理的规范性文件"[①]。国

[①]　王春业、聂加龙:《行政法学》,河海大学出版社,2023年版,第105页。

务院制定行政法规的情形有两种：一种是某事项已制定法律的情形，一种是某事项尚未制定法律的情形。在后一种情形中，国务院制定行政法规是有条件的，即获得全国人大及其常委会的授权，且授权的事项不是有关犯罪和刑罚、对公民政治权利的剥夺和限制人身自由的强制措施和处罚、司法制度等①。显然，由国务院承担制定专门的数字教育促进型法律任务，只能是后一种情形，即制定关于促进数字教育发展的行政法规。从长远看，《立法法》对授权国务院对尚未制定法律的事项制定行政法规态度是持谨慎且保留的态度：一是，即便可以授权的是先制定行政法律的事项也仅仅是其中的部分事项；二是，授权立法事项，经过实践检验，制定法律的条件成熟时，由全国人大及其常委会及时制定法律。从这种态度中可以知道，即便是授权国务院制定关于促进数字教育发展的行政法规也只是权宜之计，最终的目的还是制定关于专门的促进数字教育发展的法律。因此，从长远看，由国务院制定专门的数字教育促进型法律不符合《立法法》的精神。

（二）全国人大常委会适合成为数字教育促进型法律的立法主体

与上面所述相反的是，由全国人大常委会制定专门的数字教育促进型法律不仅符合《立法法》的规定，也符合《立法法》的精神。

第一，由全国人大常委会制定专门的数字教育促进型法律符合《立法法》的规定。《立法法》第 10 条第 3 款、第 4 款规定："全国人民代表大会常务委员会制定和修改除应当由全国人民代表大会制定的

---

① 《立法法》第 12 条规定："本法第十一条规定的事项尚未制定法律的，全国人民代表大会及其常务委员会有权作出决定，授权国务院可以根据实际需要，对其中的部分事项先制定行政法规，但是有关犯罪和刑罚、对公民政治权利的剥夺和限制人身自由的强制措施和处罚、司法制度等事项除外。"

法律以外的其他法律;在全国人民代表大会闭会期间,对全国人民代表大会制定的法律进行部分补充和修改,但是不得同该法律的基本原则相抵触。全国人民代表大会可以授权全国人民代表大会常务委员会制定相关法律。"从前述规定可知道,由全国人大常委会制定专门的数字教育促进型法律完全符合《立法法》的规定。当前,这个结论成立的前提是促进数字教育发展这一事项属于只能制定法律的事项。从《立法法》第 11 条的规定来看,能够支持促进数字教育发展这一事项属于只能制定法律的事项之依据是该条的"(十一)必须由全国人民代表大会及其常委会制定法律的其他事项"。从前面的论述中可以知道,数字教育发展的重要性决定了促进数字教育发展这一事项属于"必须由全国人大常委会制定法律的其他事项"的范畴。因此,认为由全国人大常委会制定专门的数字教育促进型法律符合《立法法》的规定并无什么不妥。

第二,由全国人大常委会制定专门的数字教育促进型法律符合《立法法》的精神。既然业已证成推进数字教育这一事项属于"必须由全国人大常委会制定法律的其他事项"的范畴,那么也表明了制定专门的数字教育促进型法律意指全国人大常委会在其立法权限范围内制定关于促进数字教育发展的法律。前面反复述及,数字教育在当下属于新的事物。这决定了不能排除全国人大常委会会因为立法条件不成熟,将促进数字教育发展这一事项中的部分事项授权给国务院先行制定行政法规的可能性。但是根据《立法法》第 13 条的规定①,即便

---

① 《立法法》第 13 条规定:"授权决定应当明确授权的目的、事项、范围、期限以及被授权机关实施授权决定应当遵循的原则等。授权的期限不得超过五年,但是授权决定另有规定的除外。被授权机关应当在授权期限届满的六个月以前,向授权机关报告授权决定实施的情况,并提出是否需要制定有关法律的意见;需要继续授权的,可以提出相关意见,由全国人民代表大会及其常务委员会决定。"

是全国人大常委会授权国务院针对促进数字教育发展这一事项中的部分事项先行制定行政法规,但也是有授权期限规定的。即便全国人大常委会在授权期限届满后再继续授权,也并不会意味着制定的数字教育促进型法律的条件永远不会成熟。一旦制定的数字教育促进型法律的条件成熟,根据《立法法》第 14 条[①]的规定应及时制定法律,且法律制定后,相应立法事项的权限也随之终止。

总之,由全国人大常委会制定专门的数字教育促进型法律是最恰当的选择与安排。

二、认真对待数字教育促进型法律的名称

制定一部专门的数字教育促进型法律首要讨论的是该法的名称问题。由全国人大常委会制定专门的数字教育促进型法律,大多数想到该法律文件的名称是"×××法"。"法律文件的名称是指一个具体性法律文件的称谓。在我国,法律文件有多种不同的称谓,例如,法律、法规、规章、司法解释等"[②]。一般而言,在我国,法律文件有多种不同称谓的原因与我国立法体制有关。我国的立法体制是"中央统一领导和一定程度分权的,多级并存、多类结合的立法权限划分体制。最高权力机关及其常设机关统一领导,国务院行使相当大的权力,地方行使一定权力,是其突出的特征"[③]。在该种立法体制下,全国人大及其常委制定的具体性法律文件一般通称为"×××法",国务院、地方人大及其常委会等制定的具体性法律文件一

---

① 《立法法》第 14 条规定:"授权立法事项,经过实践检验,制定法律的条件成熟时,由全国人民代表大会及其常务委员会及时制定法律。法律制定后,相应立法事项的授权终止。"

② 王春业:《立法学》,河海大学出版社,2024 年版,第 206 页。

③ 张文显:《法理学》(第 4 版),高等教育出版社,2011 年版,第 193 页。

般通称为"×××法规",国务院部门、地方政府制定的具体性法律文件一般通称为"×××规章"。需要指出的是,前述探讨只是在应然层面进行的探讨,不能根据法律文件的称谓来判断该文件的制定主体及其立法权限①。以称谓是"×××办法"为例,在我国,有的是全国人大常委会制定的,例如,《中国人民解放军选举全国人民代表大会和县级以上地方各级人民代表大会代表的办法》;有的是国务院和地方人大制定的,例如,国务院制定的《食盐专营办法》和《合伙企业登记管理办法》②、福建省人大常委会制定的《福建省水法实施办法》。由此可知,假设选用"×××办法"称谓,如果全国人大及其常委会制定的数字促进型法律称谓是"中华人民共和国×××数字教育(××)办法",国务院制定的关于该法的行政法规则是"中华人民共和国×××数字教育(××)办法实施办法",则会很容易让人们在守法过程中产生这样的困惑:这两部具体性法律文件有什么不同。尽管前述假设的情况在现实中还会出现,但这并不妨碍我们得出这样的结论:认真对待专门的数字教育促进型法律之名称问题。

根据上面的分析,由全国人大常委会制定专门的数字教育促进型法律的名称肯定不适用"×××办法"。《国家法律法规数据库》

---

① 我国学者郭道晖主编的《当代中国立法》一书曾在20世纪末就指出:"全国人大及其常委会所立法律的名称,就有法、决议、决定、条例、规定、办法、方案等7种。国务院行政法规使用的名称有几十种,单是近年来常用的名称就有条例、规定、决议、决定、办法、通知、规则、细则、意见等十余种。有的同类名称还有多种表达方式,如规定、暂行规定、试行规定、补充规定、若干规定、办法、暂行办法、试行办法、施行办法、实施办法等。名称这样繁多庞杂,既容易使立法陷于混乱,又不容易使人们分清各种不同层次的法的效力等级、适用范围,还必然影响法的体系的统一和协调发展"(见郭道晖:《当代中国立法》,中国民主法制出版社,1998年版,第1286页)。虽然《立法法》将我国法的名称简化为了宪法、基本法、法、法规、规章、授权规定、条例、变动案、实施细则等,但名称杂乱影响制定主体、位阶判断的问题并没有得到彻底的解决。

② 该法规目前已被废止。

显示，全国人大常委会制定的法律文件名称还有"×××决定""××
×解释"，前者如《全国人民代表大会常务委员会关于实施渐进式延
迟法定退休年龄的决定》《全国人民代表大会常务委员会关于修改
〈中华人民共和国统计法〉的决定》，后者如《全国人民代表大会常务
委员会关于〈中华人民共和国刑法〉第一百五十八条、第一百五十九
条的解释》。从名称不难看出，"×××决定"针对的要么是有关法律
问题和重大问题，要么针对的是法律的修改、废止；而"×××解释"
针对的是法律解释。显然，"×××决定""×××解释"这两个名称
也不适合由全国人大常委会制定专门的数字教育促进型法律。在排
除这些选项后，剩下的选项就是"×××法"。实际上，由全国人大常
委会制定专门的数字教育促进型法律的名称定为"×××法"既符合
人们的认知，也符合法理。因此，"×××法"是由全国人大常委会制
定专门的数字教育促进型法律名称的最好选择。

　　将由全国人大常委会制定专门的数字教育促进型法律的名称定
为"×××法"只是解决了部分问题，因为全国人大常委会制定的"×
××法"中蕴含的命名规则是"适用范围＋内容＋法"。由全国人大
常委会制定专门的数字教育促进型法律当然是在全国范围内适用，
于是该法律性文件名称中肯定有"中华人民共和国"的字样。这样，
需要探讨的问题是前述命名规则中的"内容"问题。在日常生活中，
我们常说的是"×××法"，而不是"中华人民共和国×××法"，而且
人们能从名称知晓该法是一部怎样内容的法之依据是前面所述法律
性文件名称命名规则中的"内容"。从人们的认知习惯角度看，法的
名称最重要的是前面所述法律性文件名称的命名规则中的"内容"。
因此，由全国人大常委会制定专门的数字教育促进型法律的名称中
的"内容"问题不仅是一个需要探讨的问题，而且是一个还要从人们
的认知习惯角度认真探讨的问题。

法的名称设定要么与规范对象相关,要么与欲求目的相关,前者如《中华人民共和国教师法》,后者如《中华人民共和国未成年人保护法》。从这一角度看,由全国人大常委会制定专门的数字教育促进型法律的名称中的"内容"可以是"数字教育",也可以是"数字教育发展"。这样,由全国人大常委会制定专门的数字教育促进型法律的名称有"中华人民共和国数字教育法"与"中华人民共和国数字教育促进法"两种可能。"当某个事物出现两个以上答案的情形时,就出现了问题"①,即选择的问题。任何的选择都是依据标准作出的选择,没有标准或者标准未确立,即便是作出了"选择",该"选择"也并未是最佳选择。也就是说,是选择"中华人民共和国数字教育法"还是选择"中华人民共和国数字教育促进法",要确定选择的标准。"法的名称必须简洁清晰地表明法的核心主旨。名称是否科学,是立法成熟的标志"②。由此可知,选择法的名称的标准是法的核心主旨能得到简洁清晰的表明。以该标准看,"中华人民共和国数字教育促进法"这一名称优于"中华人民共和国数字教育法",因为促进数字教育发展是由全国人大常委会制定专门的数字教育促进型法律的核心主旨。

正所谓"名正则言顺,名不正则言不顺"。本书认为,"中华人民共和国数字教育促进法"这一名称优于"中华人民共和国数字教育法"还有如下的理由。

第一,选用"中华人民共和国数字教育法"这一名称容易造成人们的误解。当前,我国已制定了《义务教育法》《职业教育法》《高等教育法》和《学前教育法》。由此,如果选用"中华人民共和国数字教育法"这一名称容易让人们误解为"数字教育"是一种新的教育类型。

---

① 熊春泉、聂佳龙:《数据驱动型竞争异化风险的法律防控研究》,上海三联书店,2021年版,第76页。

② 高轩:《立法学简明教程》,暨南大学出版社,2022年版,第154页。

根据本书第一章的论述,数字教育不是一种新的教育类型,而是一种新的教育形态。

第二,选用"中华人民共和国数字教育促进法"这一名称符合人们的认知习惯。我国已有《民办教育促进法》《家庭教育促进法》,人们对这两部法律的认知习惯是:1)民办教育和家庭教育不是教育类型;2)国家的目的或用意是推进民办教育或家庭教育的发展。从这一角度,选用"中华人民共和国数字教育促进法"符合人们的认知习惯。

既然"中华人民共和国数字教育促进法"这一名称优于"中华人民共和国数字教育法",那么将由全国人大常委会制定专门的数字教育促进型法律的名称定为"中华人民共和国数字教育促进法"没什么不妥。既然将由全国人大常委会制定专门的数字教育促进型法律的名称定为"中华人民共和国数字教育促进法",那么可以说数字教育促进型法律的实现形式就制定该法。

第二节 "数字教育促进法"的体系表达

从纯理论或逻辑的角度讲,制定"数字教育促进法"的理由有很多。而且这些理由都能证成制定"数字教育促进法"的必要性与紧迫性。但我们都知道,立法的必要性与紧迫性并不是取决于理论或逻辑上的证成,而是取决于现实社会的需要。事实上,现实社会需要我国制定"数字教育促进法",因为推动数字教育发展的工作已在进行。业已存在的法律等是现实社会所需的,而且已成为一个相对和谐统一的体系。因此,制定"数字教育促进法"意味着要考虑该法与这个体系相兼容的问题。

此外,有人基于 2014 年 10 月 20 日,习近平总书记受中央政治局委托所作的《〈中共中央关于全面推进依法治国若干重大问题的决定〉说明》中的"第四,完善立法体制"部分不仅谈到了立法领域面临的一些突出问题和"推进科学立法、民主立法,是提高立法质量的根本途径",还特别谈到了"要努力形成党内法规与国家法律法规制度相辅相成、相互促进、相互保障的格局"①,提出了新时代立法体制有广义和狭义之分,其中"狭义的立法体制指的是国家法律立法体制,而广义的立法体制还包括党内法规制定体制机制"②。按照这种观点,制定"数字教育促进法"还需要考虑该法与党内法规形成的体系相兼容的问题。

当然,"数字教育促进法"与已有法律形成的体系或与党内法规形成的体系相兼容,在本质上都属于其外部体系的范畴。与外部体系相对应的是内部体系。因此,仅讨论"数字教育促进法"的外部体系,而不讨论其内部体系,显然是不科学的。

一、"数字教育促进法"的外部体系

《立法法》第 5 条规定:"立法应当符合宪法的规定、原则和精神,依照法定的权限和程序,从国家整体利益出发,维护社会主义法制的统一、尊严、权威"。这要求"数字教育促进法"既不能与宪法相悖,也不能与其他法律相悖。从法的效力角度看,这一要求实质上就是"数字教育促进法""应当避免纵向上不同效力等级和横向上效力同等级的立法冲突"③。因此,"数字教育促进法"的外部体系既表现在纵向上与高于和低于其效力等级的法律法规等的衔接或协调,也表现在

---

① 习近平:《论坚持全面依法治国》,中央文献出版社,2020 年版,第 95—96 页。
② 王春业:《立法学》,河海大学出版社,2024 年版,第 34 页。
③ 陈云良:《民营经济专门立法的理据、定位及体系表达》,载《广东社会科学》2024 年第 3 期。

横向上与其法律效力同等级的法律的衔接或协调。

（一）纵向维度的"数字教育促进法"外部体系

在纵向上，"数字教育促进法"首先要符合宪法关于教育的规定、原则和精神。《宪法》第 19 条规定："国家发展社会主义的教育事业，提高全国人民的科学文化水平。国家举办各种学校，普及初等义务教育，发展中等教育、职业教育和高等教育，并且发展学前教育。国家发展各种教育设施，扫除文盲，对工人、农民、国家工作人员和其他劳动者进行政治、文化、科学、技术、业务的教育，鼓励自学成才。国家鼓励集体经济组织、国家企业事业组织和其他社会力量依照法律规定举办各种教育事业。国家推广全国通用的普通话。"从该条规定看，"数字教育促进法"主要是要符合该条第 3 款。从该款的规定看，"数字教育促进法"与宪法的衔接要体现在两个方面：一是国家负有发展数字教育设施的责任；二是发展数字教育要为对工人、农民、国家工作人员和其他劳动者进行政治、文化、科学、技术、业务的教育与自学成才提供条件与支持。

在纵向上，"数字教育促进法"除了要符合宪法关于教育的规定、原则和精神外，还应当吸收地方政府在促进数字教育发展方面好的经验和做法。值得一提的是，浙江省在促进数字教育发展方面的做法，因为它是目前唯一专门针对"数字教育"出台政策文件的省份。该政策文件系统地提出了推进浙江省数字教育高质量发展的六大行动计划：第一，"学在浙江"平台建设行动计划，该行动计划包括完善"学在浙江"体系架构、夯实"教育魔方"数字底座、激活教育领域数据价值等；第二，在线教学服务提质行动计划，该行动计划内容包括建强数字资源中心、做优线上教学服务、创新教育共同体形式等；第三，基础设施提能升级行动计划，该行动计划内容包括加强云网端基础保障、提升智慧校园建设水平、加大新技术新装备研究实践力度等；

第四,数字素养培育提升行动计划,该行动计划内容包括赋能教与学变革、提升数字素养等;第五,网络与数据安全筑盾行动计划,该行动计划内容包括健全管理机制、强化技术支撑、加强人才队伍建设、推动信息技术应用创新等;第六,"政产学研用"开放合作行动计划,该行动计划内容包括构建数字教育协同创新平台、推动教育技术合作交流等①。虽然这些行动计划还在实施中,但可以肯定的是在实施过程中以及实施结束后会有一些好的经验和做法。这些好的经验和做法对于"数字教育促进法"的制定能够提供有益的帮助。

当然,在"数字教育促进法"制定前或制定过程中不排除有的地方会制定适用于本地的促进数字教育发展的地方性法规等。如果真的如此,也要将收到良好立法效果的地方性立法中好的内容上升到国家层面的"数字教育促进法"之中。需要注意的是,前述情形在现实中可能不会发生,甚至这种概率还会相当大。但有一点是可以肯定的,那就是"数字教育促进法"一经国家制定出台,地方必然会制定适用于本地的地方性法规等。但目前已有地方性法规在内容方面存在"雷同"、地方特色不凸显等乱象或问题的"前车之鉴"提醒着我们,在"数字教育促进法"中应该要特别强调《立法法》中关于"不作重复性规定"②的要求,强调地方要结合本地实际情况对"数字教育促进法"的相关规定进行细化,"通过事项选择和内容规划上的错位规则和互补规则,预防重复性规定的发生"③,以及突出地方特色。

---

① 浙江省教育厅官网,http://jyt.zj.gov.cn/art/2023/12/29/art_1532985_58941553. html,最后访问日期:2024 年 10 月 25 日。
② 《立法法》第 82 条第 4 款规定:"制定地方性法规,对上位法已经明确规定的内容,一般不作重复性规定"。
③ 温荣:《地方性法规"不作重复性规定"的体系意旨及其实现》,载《广东社会科学》2023 年第 5 期。

（二）横向维度的"数字教育促进法"外部体系

在横向上，"数字教育促进法"应当实现与《教育法》《义务教育法》《职业教育法》《高等教育法》《家庭教育促进法》《民办教育促进法》等教育法律的立法协调。主要是与表9中所列的"与数字教育相关条款的内容"的立法协调。当然，还有与2024年出台的《学前教育法》等法律文件的立法协调。比如，"数字教育促进法"应当实现与《学前教育法》第6条第2款规定的"各级人民政府应当依法履行职责，合理配置资源，缩小城乡之间、区域之间学前教育发展差距，为适龄儿童接受学前教育提供条件和支持"的立法协调。

在横向上，"数字教育促进法"还应当与其相同的其他法律和"数字教育"有关的规定。也有涉及"数字教育"的规定。这种情况主要有两种：一是，这些法律中有关于"教育"的规定，比如《国家通用语言文字法》第10条规定："学校及其他教育机构以普通话和规范汉字为基本的教育教学用语用字，法律另有规定的除外。学校及其他教育机构通过汉语文课程教授普通话和规范汉字。使用的汉语文教材，应当符合国家通用语言文字的规范和标准"，又如《未成年人保护法》第5条规定："国家、社会、学校和家庭应当对未成年人进行理想教育、道德教育、科学教育、文化教育、法治教育、国家安全教育、健康教育、劳动教育，加强爱国主义、集体主义和中国特色社会主义的教育，培养爱祖国、爱人民、爱劳动、爱科学、爱社会主义的公德，抵制资本主义、封建主义和其他腐朽思想的侵蚀，引导未成年人树立和践行社会主义核心价值观"；二是，这些法律中有关于发展数字教育所学的数字技术等的规定，比如，《网络安全法》第20条规定："国家支持企业和高等学校、职业学校等教育培训机构开展网络安全相关教育与培训，采取多种方式培养网络安全人才，促进网络安全人才交流"，又如《个人信息保护法》第11条规定："国家建立健全个人信息保护制度,预防和惩治侵害个人信息权益的行为,加强个人信息保护宣传教育,推动形成政府、企业、相关社会组织、公众共同参与个人信息保护的良好环境"。

（三）广义立法体制视角下的"数字教育促进法"外部体系

前面已述及,基于有人提出的新时代立法体制有广义与狭义之分的观点,认为从广义立法体制角度看,制定"数字教育促进法"还需考虑该法与党内法规形成的体系相兼容的问题。这一观点或许有人不认同,因为"数字教育促进法"属于法律范畴,而法律与党内法规是两个不同的规范系统。不可否认,这两个系统有不同之处,它们的不同集中体现在它们各自的总章程——宪法与党章——之中。宪法是一国的根本大法,是所有公民必须遵守的规则。以此功能观照,党章则是"党的根本大法,是全党必须遵循的总规矩"①。因为规范对象的不同,党章与宪法在很长的时间内各自"泾渭分明"地在推进党的建设与依法治国中发挥着重要的作用②。于是,在言及制定某某法律规范时,认为其外部体系与党内法规无关。但至少现在不能这样认为,理由相当简单,因为依法治国与依规治党是社会主义法治的基本原则之一③。因此,本书赞同新时代立法体制有广义与狭义之分的观点,从而"数字教育促进法"的外部体系还包括其与党内法规衔接的内容。

在党内法规中,起提纲挈领作用的是党章。基于此,讨论"数字教育促进法"与党内法规衔接的问题,可以在某种意义上简化为"数字教育促进法"与党章的衔接的问题。在《中国共产党章程》(以下简称《党章》)中,总纲中规定中国共产党"代表先进文化的前进方向",

---

① 习近平:《认真学习党章,严格遵守党章》,载《求是》2012年第23期。
② 操申斌:《党内法规与国家法律协调路径探讨》,载《探索》2010年第2期。
③ 柯华庆:《党规学》,上海三联书店,2018年版,第10页。

要"实施科教兴国战略、人才强国战略……提高劳动者素质""提高全民族的思想道德素质和科学文化素质……大力发展教育、科学、文化事业",以及"党政军民学,东西南北中,党是领导一切的";第一章中规定党员必须履行"学习科学、文化、法律和业务知识"的义务;第四章规定党的基层组织的基本任务之一是"学习科学、文化、法律和业务知识";第六章规定党的干部模范地履行"学习科学、文化、法律和业务知识"等义务,且要具备"有胜任领导工作的组织能力、文化水平和专业知识"等基本条件①。从《党章》这些规定中不难看出,其与"数字教育促进法"有衔接的内容。申言之,"数字教育促进法"至少要:第一,突出党对数字教育发展的领导地位;第二,突出发展数字教育要为提高劳动者素质与全民族的思想道德素质和科学文化服务;第三,突出发展数字教育要为党员、党的干部和党的基层组织分别履行、完成"学习科学、文化、法律和业务知识"义务和基本任务提供条件与支持。在此需要特别说明一点的是,由于党员在本质上也是公民,因而从逻辑上讲前面所言的"发展数字教育要为对工人、农民、国家工作人员和其他劳动者进行政治、文化、科学、技术、业务的教育与自学成才提供支持与便利"能够包括该"发展数字教育要为党员、党的干部履行'学习科学、文化、法律和业务知识'义务"的内容。这样,在"数字教育促进法"实际上突出的是"发展数字教育要求党的基层组织分别完成'学习科学、文化、法律和业务知识'基本任务"这一内容。

二、"数字教育促进法"的内部体系

正如卡尔·拉伦茨在《法学方法论》一书中所指出的,立法目标

---

① 共产党员网,https://www.12371.cn/2022/10/26/ARTI1666788342244946.shtml,最后访问日期:2024年10月25日。

与法律原则是构建科学的法律内部体系的两极①。由此,"数字教育促进法"的内部体系的构建关键在于确定其立法目标与法律原则。申言之,关于"数字教育促进法"内部体系的讨论在某种意义上将其简化为对于其立法目标与法律原则的讨论并无什么不妥。从立法学的角度看,拉伦茨所言的立法目标与法律原则实质上就是立法目的与立法原则。基于此,本书关于"数字教育促进法"内部体系的论述聚焦于立法目的和立法原则这两方面。

(一)"数字教育促进法"的立法目的

任何一项立法都是源于社会的需求,或者说任何一部法律的制定都是为了解决相应社会问题。这也就决定了任何一项立法都有其欲求的实现的目标或目的。德国法学家耶林曾宣称目的是全部法律的创造者②。霍贝尔也有过类似的观点。他说:"法律本来就是为一定目的服务的,它需要人们更有目的性地对它予以关注,因为它的每一步发展都关系到文明的命运。"③在哲学上,目的是主体在客观世界中想要实现的东西。基于此,在立法领域的目的即立法目的指的是立法主体通过法这一介质所要保护的利益、所要发挥的功能。"所有法律干预都有某种目的或目标,而这一目标可能塑造了用以执行该规则的手段或法律干预的具体形式。"④在某重要意义上,立法目标甚至是立法正当性的源泉。所以,我们所看到的法律规范文件中有关于立法目的的规定,甚至是摆在了首要的位置。因而,在我国,

---

① [德]卡尔·拉伦茨:《法学方法论》,陈爱娥译,商务印书馆,2004年版,第348—359页。

② [德]魏德士:《法理学》,丁晓春、吴越译,法律出版社,2005年版,第234页。

③ [美]E. A.霍贝尔:《初民的法律》,周勇译,中国社会科学出版社,1993年版,第374页。

④ [美]劳伦斯·弗里德曼:《碰撞:法律如何影响人的行为》,邱遥堃译,中国民主法制出版社,2021年版,第304页。

"在法律第一条来规定立法目的是我国的立法特色,往往被称为该部法律的'目的条款'"①也就不难理解了。当然,关于我国在法律第一条规定立法目的这一立法特色有一定的争议,有的人认为:"并非所有的法律规范都需要立法目的,如民法、刑法、诉讼法等必备的'秩序法',因为立法目的早已明确,所以规范目的的意义就不大"②,有的人则认为:"立法目的条款可以作为法律解释的参考作用,因此无论何种法律均需设置立法目的条款"③。这一争议提醒着我们,"立法目的条款的主要功能应定位为立法活动的方向选择、立法论证的有效途径、法律解释的重要标准、公民守法的规范指南"④。在某种意义上讲,这种提醒在侧面凸显了立法目的的重要性。申言之,立法目的的重要性不会因为是否设置立法目的条款而被削弱,恰恰相反,设置立法目的条款是立法目的重要性的明确强调。

具体到"数字教育促进法"的制定,有必要设置立法目的条款,而且为了避免引起争议,该条款的规定要能够准确地反映"数字教育促进法"的立法目的。"数字教育促进法"已如前所述其定位为促进型立法。"促进型立法的逻辑顺序要求以预设目标为立法前提,进而在具体法律规定中准确体现立法目标"⑤。可见,"数字教育促进法"的立法目标或目的要围绕"促进数字教育发展"这一预设目标来设定。根据前面所述,"促进数字教育发展"的根本性原因是能提高教育教

① 赵谦:《立法学》,西南师范大学出版社,2021年版,第47页。
② 苏永钦:《走入新世纪的宪政主义》,元照出版有限公司,2002年版,第415页。
③ 李岩:《〈民法典〉中非规范性条款研究》,载《东北大学学报(社会科学版)》2020年第4期。
④ 刘风景:《立法目的条款之法理基础及其表达技术》,载《法商研究》2013年第3期。
⑤ 陈云良:《民营经济专门立法的理据、定位及体系表达》,载《广东社会科学》2024年第3期。

学质量与水平,有助于实现全民终身学习。而无论是教育教学质量与水平的提高还是全民终身学习的实现都是党提出的建设教育强国的奋斗目标。而这一奋斗目标最终指向的是全民因享受公平教育而素质都能得以提高。这样,"数字教育促进法"的立法目的至少包括"促进数字教育高质量发展""建设教育强国""提高全民素质"。为此,"数字教育促进法"的立法目的条款可以表述为:"为促进数字教育高质量发展,建设教育强国,提高全民素质,根据宪法,制定本法"。

（二）"数字教育促进法"的立法原则

诺内特等人认为,"如果法律强调原则和目的,那么就有了一种丰富的资源可用于批判具体规则的权威"[①]。庞德也认为,探讨立法目的"对我们而言,这一系列观念的历史及其产生发展的重要性不亚于曾被认为是构成法律整体的规范和原则本身的重要性。实际上,有关法律目的的观念的历史发展内化于法律规范和法律原则的产生发展之中。"[②]从这些表述中不难知道,立法原则的重要性不亚于立法目的。因而也就不难理解为何立法原则与立法目的一样能成为构建科学的法律内部体系的一极。

立法原则是"在立法指导思想指引下,国家全部立法都应共同遵守的基本准则,它体现了国家对立法的基本要求"[③]。《立法法》第5—9条对所有立法的原则进行了规定[④]。这些规定是制定"数字教

---

① ［美］P.诺内特、［美］P.塞尔兹尼克:《转变中的法律与社会:迈向回应型法》,张志铭译,中国政法大学出版社,2004 年版,第 91 页。

② ［美］庞德:《法理学》(第 1 卷),余履雪译,法律出版社,2007 年版,第 296—297 页。

③ 孙敢、侯淑雯:《立法学教程》,中国政法大学出版社,2000 年版,第 55 页。

④ 《立法法》第5—9条分别规定:"立法应当符合宪法的规定、原则和精神,依照法定的权限和程序,从国家整体利益出发,维护社会主义法制的统一、尊严、权威。""立法应当坚持和发展全过程人民民主,尊重和保障人权,保障和促进社会公平正义。立法(转下页)

育促进法"必须遵循的,但不能将这些规定确定的原则当成"数字教育促进法"的基本原则。其中的原因很简单,"数字教育促进法"的立法原则是该法所特有的或者说能够体现该法特色的法律原则。"数字教育促进法"的特色首先来源于其预设的目标,其次来源于我国的现实需求,最后来源于教育的一般常理。"数字教育促进法"预设的促进数字教育发展目标是源于建设教育强国的现实需求。正如习近平总书记所指出的:"我们要建设的教育强国,是中国特色社会主义教育强国,必须以坚持党对教育事业的全面领导为根本保证,以立德树人为根本任务,以为党育人、为国育才为根本目标,以服务中华民族伟大复兴为重要使命,以教育理念、体系、制度、内容、方法、治理现代化为基本路径,以支撑引领中国式现代化为核心功能,最终办好人民满意的教育。我们要全面贯彻党的教育方针,坚持以人民为中心发展教育,主动超前布局、有力应对变局、奋力开拓新局,加快推进教育现代化,以教育之力厚植人民幸福之本,以教育之强夯实国家富强之基,为全面推进中华民族伟大复兴提供有力支撑。"①可见,"数字教育促进法"至少要体现党对教育的领导和加快推进教育现代化。其中,加快教育现代化必然内在要求提高教育教学质量、实现全民终身学习和促进教育公平。此外,从教育的一般常理看,数字教育的最突出的特性与数字技术有关。从教育的角度看,数字技术是手段而

(接上页)应当体现人民的意志,发扬社会主义民主,坚持立法公开,保障人民通过多种途径参与立法活动。""立法应当从实际出发,适应经济社会发展和全面深化改革的要求,科学合理地规定公民、法人和其他组织的权利与义务、国家机关的权力与责任。法律规范应当明确、具体,具有针对性和可执行性。""立法应当倡导和弘扬社会主义核心价值观,坚持依法治国和以德治国相结合,铸牢中华民族共同体意识,推动社会主义精神文明建设。""立法应当适应改革需要,坚持在法治下推进改革和在改革中完善法治相统一,引导、推动、规范、保障相关改革,发挥法治在国家治理体系和治理能力现代化中的重要作用。"

① 习近平:《论教育》,中央文献出版社,2024年版,第229页。

非目的。这意味着数字技术在教育领域中的应用必须遵循教育发展规律，要把握教育教学的内在需求，以需求塑应用，以应用赋能教育的安全可持续发展。

基于上面所述可知，"数字教育促进法"的立法原则至少包括党对促进数字教育发展的领导、加快推进教育现代化、需求牵引应用、安全可持续发展。

第三节　"数字教育促进法"的立法结构与主要内容

"数字教育促进法"的体系表达解决的是其与其他法律法规等的衔接与协调，以及其立法目的与立法原则的问题，目的在于构建能与其他法律法规等相兼容且内部科学的体系。可见，"数字教育促进法"的体系表达是从整体性着眼。如果单纯地看"数字教育促进法"，着眼点应该是其立法的结构与主要的内容。

一、"数字教育促进法"的立法结构

（一）立法的结构的概述

任何成文法都有一定的结构，它是构成法律文件整体的部分或成分。从立法学角度讲，立法的结构的表现形式因其结构各不相同而具有多样性。无论立法的结构的表现形式怎样，都能分为整体结构与形式结构。

整体结构包括总则、分则、附则和目录、序言、附录。

总则是指对整个规范性文件具有统领地位的且与分则、附则等相对应的条文的总称。总则有明示和非明示两种形式，前者一般以"总则""总纲""基本原则""一般规定"等名称出现，后者一般设在简单的或不设"章"的法律文件的结构中,以无标题形式出现。总则一般都应设在规范性文件的开篇,只有法律文件还有序言、前言的情况才可以例外。总则内容的构造应当符合必须按照先后顺序排列、不能过于简单也不能过于繁杂和应当尽力"法律化"等要求。

分则是指法律文件的整体中与总则相对应、使总则内容具体化的部分。分则内容的构造应当符合体系和内容完整、完整规定权利和义务,以及规定的内容要明确、具体等要求。

附则是指在法律文本中起到辅助性作用的内容。附件的内容通常包括:其一,关于名词、术语的定义;其二,关于解释权的授权规定;其三,关于制定实施细则的授权规定;其四,关于制定变通或补充规定的授权规定;其五,关于有关规定法律文件失效或废止的规定;其六,关于实施问题的规定。

目录是在完整的法律文件结构中将总则、分则和附则各部分的标题集中排列于序言或正文之前的部分。设置目录的目的在于使人们能方便地从宏观上把握规范性文件的基本内容,了解法律文件的结构,快捷地查阅有关文件。

序言是指在法律文件的正文前叙述性或论述性的文字部分。从各国规范性文件序言的内容看,除个别情况外,都属于非规范性的内容,因而不能当作行为规范来适用。但是由于序言也是规范性文件的组成部分,对它所阐述的原则和概括的内容当然不能违背,否则也是违法行为,甚至是违宪行为。

附录是部分法律文件的本文后所附加的有关资料的总称,有时也称为附件。附录只是法律文件的附加部分,不是文件正文的组成部分。但是由于附录是由制定法律文件的主体经过选择附加在文件正文之后的,因而它也是法律文件整体的组成部分。附录的形式或种类主要有独立的法律文件、有关法律文件的部分条文、有关文字性的说明和有关图表和图形等四种。

法律文件的形式结构的要件包括标题、符号和标点符号。

标题是指在各卷、编、章、节前标出的内容。标题应当符合"第一,要确切地表述规定性文件中各有关组成部分的立法目的和主要内容。第二,文字表述要科学、规范、长短应当适度,要尽量简洁明了;标题一般不用标点符号;各级标题之间、标题与条文内容的字体要有所区别。第三,同一规范性文件中各个同级标题,在结构、文字风格和其他方面要尽可能一致;同一级别的规范性文件中的标题,也尽可能协调。第四,对法的内容作修改、补充时,被修改、补充部分的原标题如不适合新的内容,也应当改动相应部分的标题"①。根据《立法法》第 65 条第 3 款规定,法律标题的题注应当载明制定机关、通过日期。

法律文件符号包括卷、编、章、节、条、款、项和目。其中,卷、编通常在法典中或篇幅较长的法律中被加以使用。在设章的法律文件中,章是连接文件整体的主要符号之一,是构成规范性文件的最重要、最常见的单位。项是规范性文件中包含于款之中、隶属于款的一种要件,在款的内容有两个以上层次时出现。目是包含于项之下、隶属于项的一种要件,在项的内容有两个以上层次的情况下出现。《立法法》第 65 条第 2 款规定:"编、章、节、条的序号用中文数字依次表述,款不编序号,项的序号用中文数字加括号依次表述,目的序号用阿拉伯数字依次表述。"

法律文件中最常用的标点符号有逗号、句号、顿号、分号、冒号、

---

① 魏海军:《立法概述》,东北大学出版社,2014 年版,第 489—490 页。

括号和书名号。问号、感叹号等表达感情色彩和语气方面的标点符号很少用。标点符号一般分为两类：一类是起停顿作用的标点符号，包括逗号、顿号、分号、冒号、句号等；另一类是起标示作用的标点符号，使用较多的是括号、书名号和引号等。

（二）"数字教育促进法"的整体结构与形式结构

从前面关于立法结构的介绍中可以知道，在整体结构方面，"数字教育促进法"需要处理的问题是是否需要序言、附录等；在形式结构方面，"数字教育促进法"需要处理的问题主要是标题与符号的问题。

我国已有的法律法规等内容看，有序言的有《宪法》等。《宪法》之所以有序言，是由我国的"历史、文化、政治、经济、社会等实际情况决定的"①。《宪法》是我国的根本大法，是治国安邦的总章程。由于《宪法》中的序言已经阐述了我国的历史、文化、政治、经济、社会等实际情况，从而《宪法》之外的法律法规等完全没有必要再就我国的历史、文化、政治、经济、社会等实际情况的某一方面再进行阐述。基于此，"数字教育促进法"也就不需要序言。此外，附录往往在技术性色彩比较浓的法律法规等中才会有。虽然"数字教育促进法"可能会有涉及数字技术方面的规定，从而对相关术语进行解释。如果真的有需要解释的术语，从《个人信息保护法》《网络安全法》等涉及数字技术方面术语的法律法规的内容来看，这些术语的解释或在总则或在分则或在附则中予以规定。当然，"数字教育促进法"可能涉及的数字技术方面术语的解释也可以通过附录的方式呈现。但出于"数字教育促进法"的法律文本的简洁性与便于人们阅读等考虑，不宜设置

---

① 新华网，http://www.xinhuanet.com/politics/2018-02/28/c_1122468266.htm，最后访问日期：2024 年 10 月 25 日。

附录。

　　由上,本书认为,"数字教育促进法"的整体结构包括总则、分则、附则和目录。

　　一般而言,标题主要出现在分则之中。总则中出现标题的往往是法典,比如《民法典》的总则出现了"'第一章　基本规定''第二章　自然人''第三章　法人''第四章　非法人组织''第五章　民事权利''第六章　民事法律行为''第七章　代理''第八章　民事责任''第九章　诉讼时效''第十章　期间计算'"等标题。"数字教育促进法"肯定不是法典,只是单行法律。于是,"数字教育促进法"的总则不宜设置标题。此外,附则中设置标题的情况至少在我国没有出现过。于是,本书认为,只在"数字教育促进法"分则设置标题。即便是基于这一理由,也可以得出"数字教育促进法"在符号方面不能出现卷、编,只能出现章、节、条、款、项和目的结论。这样,"数字教育促进法"在立法的结构方面剩下的问题是分则中各章的标题内容是什么。

　　参考我国已有的促进型法律文件分则中的标题,除了相对固定的"保障措施"和"法律责任"外,其他的标题内容都是与该法律规范的对象有关。基于此,本书认为,"数字教育促进法"分则中其他的标题可以按照第一章论述的数字教育内容来设置,即"数字基础设施建设""数字技能与素养提升""数字教育标准与伦理规范""教育数据开放与数字教育协同创新"。

二、"数字教育促进法"的主要内容

　　既然"数字教育促进法"在立法结构方面是"总则—分则—附则",且分则包括"数字基础设施建设""数字技能与素养提升""数字教育标准与伦理规范""教育数据开放与数字教育协同创新""保障措施"和"法律责任"等标题,那么其主要内容也就能予以确定。

(一)"数字教育促进法"总则的主要内容

"数字教育促进法"总则除了第一条立法目的条款外,其他的条款至少要规定适用范围、基本原则、促进内容、职责分工、对外合作、社会参与、表彰和奖励等内容。

适用范围方面的条款首先要明确规定"在中华人民共和国境内发展数字教育,适用本法",如果不在附则对数字教育解释,则需要增加一款。根据本书第一章对数字教育的定义,该款内容可以是:"本法所称数字教育,是指在现代教育思想和理论指导下,按照相应标准与伦理规范运用数字技术,通过教育数据开放与协同创新方式培养和提升学习者①(主要是教育者和受教育者)数字技能与素养的一种新的教育形态。包括数字基础设施的建设、教育者与受教育者的数字技能与素养提升、数字教育标准与伦理规范的建立健全、教育数据的开放与数字教育的协同创新等内容。"

基本原则方面的条款主要规定如前所述的党对促进数字教育发展的领导、加快推进教育现代化、需求牵引应用、安全可持续发展等内容。

促进内容方面的条款主要规定对学前教育、义务教育、职业教育、高等教育等各类各级教育与学习型社会的促进的内容。

职责分工方面的条款主要规定中央政府和地方各级政府在党委统一领导下,依照各自的职责分工分别负责全国和地方的促进数字

---

① 根据本书第二章论述,促进数字教育发展的原因不仅是提升基础教育、职业教育、高等教育的质量和水之需要,还有建设学习型社会之需要。于是,数字教育惠及的主体自然不只是教育者与受教育者,还有其他的民众。无论是教育者、受教育者,还是其他的民众,都是需要经过学习才能实现数字技能与素养的提升。基于此,本书将教育者、受教育者和其他的民众统称为广义的学习者。

教育发展所需的人力、物力、财力和信息等供给工作的内容。出于促进数字教育发展是一项系统性复杂工程的考虑,本书建议强调按照"强化整体布局、统筹谋划"的原则促进数字教育发展。

正如习近平总书记指出的"要根据国际形势发展变化,完善教育对外开放战略策略,统筹做好'引进来'和'走出去'两篇大文章,有效利用世界一流教育资源和创新要素,使我国成为具有强大影响力的世界重要教育中心。要积极参与全球教育治理……增强我国教育的国际影响力和话语权"[①]。推进我国数字教育发展也要统筹做好"引进来"和"走出去"这两篇大文章。于是,对外合作方面的条款主要规定引进和有效利用世界一流教育资源和创新要素促进我国数字教育发展,以及积极参与全球数字教育治理等内容。

促进数字教育发展是我国建设教育强国的需要。"建设教育强国是全党全社会的共同任务"[②]。数字教育发展自然离不开全社会的参与。于是,社会参与方面的条规主要规定在党委统一领导下,鼓励和支持社会力量参与数字基础设施的建设,鼓励行业协会、科研机构、高等院校等为促进数字教育发展提供数字技能培训、法律服务等内容。

表彰和奖励方面的条规主要规定对在促进数字教育发展工作中作出突出贡献的单位和个人,按照有关规定给予表彰和奖励等内容。

(二)"数字教育促进法"分则与附则的主要内容

根据前面所述的"数字教育促进法"分则标题,每一章的主要内容如下。

"数字基础设施建设"一章,建议包括总体要求、智慧校园建设、

---

① 习近平:《论教育》,中央文献出版社,2024 年版,第 232 页。
② 习近平:《论教育》,中央文献出版社,2024 年版,第 233 页。

新技术新装备研究实践、信息技术应用创新、数字基础设施安全保护等内容。

"数字技能与素养提升"一章,建议包括总体要求、学习者的数字技能提升权利与义务、学习者的数字素养提升权利与义务、学习者的数字技能与数字素养的培训、学习者的数字技能与数字素养的测评等内容。

"数字教育标准与伦理规范"一章,建议包括总体要求、数字教育标准规范研制、数字教育伦理教育、违反数字教育标准与数字教育伦理行为的处分等内容。

"教育数据开放与数字教育协同创新"一章,建议包括总体要求、教育数字资源中心建强、线上教育服务、教育数据资源管理、公共教育数据资源共享与开放、教育数据资源权益保护、教育数据资源保护、教育共同体形式创新等内容。

"保障措施"一章,建议包括总体要求、经费保障、人才支持、评估监测、特殊群体保障等内容。

"法律责任"一章,建议包括总体要求、负有促进数字教育发展职责的党委、政府的工作人员不认真履行职责承担的法律责任、负有维护教育数据共享、开放、安全义务的单位和个人不按照法律规定履行义务承担的法律责任、免责情形等内容。

在附则中,如果相关需要解释的术语在总则或分则中作了规定,则其内容主要包括实施日期;反之则还包括概念释义,如对数字教育的释义。

三、小结

总结本节的前面所述,"数字促进教育法"的立法结构与主要内容可以大致概括如下(表10)。

表 10　"数字教育促进法"的立法结构与主要内容概览表

	内　容	备　注
名称	数字教育促进法	
总则	包括目的条款、适用范围、基本原则、促进内容、职责分工、对外合作、社会参与、表彰和奖励等内容。	1. 目的条款可以表述为："为促进数字教育高质量发展,建设教育强国,提高全民素质,根据宪法,制定本法"。 2. 适用范围条款可以表述为："在中华人民共和国境内发展数字教育,适用本法。"或"在中华人民共和国境内发展数字教育,适用本法。本法所称数字教育,是指在现代教育思想和理论指导下,按照相应标准与伦理规范运用数字技术,通过教育数据开放与协同创新方式培育和提升学习者(主要是教育者和受教育者)数字技能与素养的一种新的教育形态。包括数字基础设施的建设、教育者与受教育者的数字技能与素养提升、数字教育标准与伦理规范的建立健全、教育数据的开放与数字教育的协同创新等内容。" 3. 基本原则方面的条款主要规定党对促进数字教育发展的领导、加快推进教育现代化、需求牵引应用、安全可持续发展等内容。 4. 促进内容方面的条款主要规定对学前教育、义务教育、职业教育、高等教育等各类各级教育与学习型社会的促进的内容。 5. 职责分工方面的条款主要规定中央政府和地方各级政府在党委统一领导下,按照"强化整体布局、统筹谋划"的原则依照各自的职责分工分别负责全国和地方的促进数字教育发展所需的人力、物力、财力和信息等供给工作的内容。 6. 对外合作方面的条款主要规定引进和有效利用世界一流教育资源和创新要素促进我国数字教育发展,以及积极参与全球数字教育治理等内容。

	内　　容	备　　注
总则	包括目的条款、适用范围、基本原则、促进内容、职责分工、对外合作、社会参与、表彰和奖励等内容。	7. 社会参与方面的条规主要规定在党委统一领导下,鼓励和支持社会力量参与数字基础设施的建设,鼓励行业协会、科研机构、高等院校等为促进数字教育发展提供数字技能培训、法律服务等内容。 8. 表彰和奖励方面的条规主要规定对在促进数字教育发展工作中作出突出贡献的单位和个人,按照有关规定给予表彰和奖励等内容。
分则	包括"数字基础设施建设""数字技能与素养提升""数字教育标准与伦理规范""教育数据开放与数字教育协同创新""保障措施""法律责任"等六章。	1. "数字基础设施建设"一章包括总体要求、智慧校园建设、新技术新装备研究实践、信息技术应用创新、数字基础设施安全保护等内容。 2. "数字技能与素养提升"包括总体要求、学习者的数字技能提升权利与义务、学习者的数字素养提升权利与义务、学习者的数字技能与数字素养的培训、学习者的数字技能与数字素养的测评等内容。 3. "数字教育标准与伦理规范"一章包括总体要求、数字教育标准规范研制、数字教育伦理教育、违反数字教育标准与数字教育伦理行为的处分等内容。 4. "教育数据开放与数字教育协同创新"一章包括总体要求、教育数字资源中心建强、线上教育服务、教育数据资源管理、公共教育数据资源共享与开放、教育数据资源权益保护、教育数据资源保护、教育共同体形式创新等内容。 5. "保障措施"一章包括总体要求、经费保障、人才支持、评估监测、特殊群体保障等内容。 6. "法律责任"一章包括总体要求、负有促进数字教育发展职责的党委、政府的工作人员不认真履行职责承担的法律责任、负有维护教育数据共享、开放、安全义务的单位和个人不按照法律规定履行义务承担的法律责任、免责情形等内容。

续表

	内　　容	备　　注
附则	包括实施日期或概念释义和实施日期。	如果相关需要解释的术语在总则或分则中作了规定,则其内容主要包括实施日期;反之则还包括概念释义,如对数字教育的释义。
目录	第一章　总则 第二章　数字基础设施建设 第三章　数字技能与素养提升 第四章　数字教育标准与伦理规范 第五章　教育数据开放与数字教育协同创新 第六章　保障措施 第七章　法律责任 第八章　附则	

第四节　"数字教育促进法"的缺陷与补正

一、"数字教育促进法"的缺陷

即便制定出来的"数字教育促进法"完全地符合前面所述,但也不能说该法是完美的。首先,和所有的法律一样为了稳定性,不得不承受因情势变化而变得僵硬;其次,和所有的法律一样是通过人的理性表达出来的,但人的理性有限性决定了存在漏洞;最后,也是最为重要的促进型立法,存在较多的具备"软法特征"的鼓励性规范,而这些规范往往是"抽象模糊,权利义务内容难以把握,无法期待能有理想的法律效果,不利于树立法律权威"[①]。也就是说,"数字教育促进

[①]　刘风景:《促进型立法的实践样态与理论省思》,载《法律科学(西北政法大学学报)》2022 年第 6 期。

法"不可能不存在缺陷。

既然"数字教育促进法"存在缺陷,那么接下来要思考的问题自然是其存在哪些缺陷。在讨论之前需要明确:第一,由于"数字教育促进法"并未制定且实施,从而关于其缺陷的讨论是基于理论和经验的讨论;第二,即便是基于理论和经验讨论"数字教育促进法"的缺陷,也只能是讨论典型的缺陷,因为从理论研究角度,只要求能够实现结论能得出即可。基于前述两点,本书要讨论的"数字教育促进法"缺陷包括赋权赋能规则缺乏导致立法促进目的落空与偏重激励机制可能导致立法目的与法律手段发生错位[①]。

(一)赋权赋能规则缺乏导致立法促进目的落空

对于法律而言,现实它预设或欲求的立法目的最终必然落脚于通过规范人们行为的权利与义务的设置。权利和义务是法律规则模式的重要部分。于是,在这个意义上讲,法律预设或欲求的立法目的依靠赋权赋能规则来实现。所谓的赋权赋能规则既包括赋予法律规范对象权利,也包括赋予约束法律规范对象行为的权力。对于定位于促进型立法的"数字教育促进法"而言,由于存在较多具有"软法特征"的鼓励性规范,而"这种规范类型大多仅包含行为模式构成要素,缺少后续的法律后果要素"[②]。后续的法律后果要素的缺乏,会导致因为即便是不付诸实际行动真正地促进数字教育发展也会不用承担相应的法律责任。有人曾将没有法律责任的法律比喻为没有牙齿的老虎。一如我们所知,老虎之所以能够成为"百兽之王""森林之王"或者我们常说的猛虎,主要归功于其拥有锋利的牙齿[③]。从前面的

[①②] 陈云良:《民营经济专门立法的理据、定位及体系表达》,载《广东社会科学》2024年第3期。

[③] 老虎的牙齿有6.4厘米到7.6厘米之长,能深深地扎进大羚羊等动物的脖子里,给它们致命一击。见[英]约翰·弗朗西斯图:《动物百科图鉴:老虎》,广州出版社,2007年版,第38页。

比喻中不难知道,后续的法律后果要素的缺乏会导致"数字教育促进法"预设或欲求的立法目的存在落空的风险,而且这种风险发生的概率至少在逻辑上会很大。

当然,不排除有人提出这样的反驳:上面所言的风险发生概率在逻辑上会很大并不意味着在现实中也会如此。当然,这种看法从逻辑上讲没错。但是,这种反驳并不能否定上面结论的正确性。因为一个很简单的道理是,按照前述反驳的逻辑,民法、刑法、商法等法律没有必要规定法律责任,但事实是它们均规定了法律责任,这意味着上面所言的在逻辑上讲发生概率很大的风险,在现实中也会有发生的可能,而且哪怕这种可能再小也要防范之。

由上所述,我们有理由地认为,赋权赋能规则缺乏就会导致"数字教育促进法"促进数字教育发展的目的落空。

（二）偏重激励机制可能导致立法目的与法律手段发生错位

法律对人们行为的规范依靠的手段是权利和义务。对于法律规范对象而言,这两种手段的不同之处在于权利是激励而义务是约束。经济学一般认为,激励机制比约束机制更有利于促进社会财富的创造。马克思恩格斯在《共产党宣言》中所言:"资产阶级在它不到一百年的阶级统治中所创造的生产力,比过去一切世代创造的全部生产力还要多,还要大"[1]。资产阶级之所以能在其不到一百年的统治中取得如此巨大的经济绩效,众所周知的根本性原因是市场经济。"市场经济是一部复杂而精良的机器,它通过价格与市场体系对个人和企业的各种经济活动进行协调。它也是一部传递信息的机制,能将数十亿的各不相同的个人的知识和活动汇集在一起。在没有集中的智慧或计算的情况下,它解决了一个连当今最快的超级计算机也无

----

[1]　《马克思恩格斯全集》(第4卷),人民出版社,1958年版,第471页。

能为力的涉及亿万个未知变量或相关关系的生产和分配问题。并没有去刻意地加以管理,但市场却一直相当成功地运行着。在市场经济中,没有一个单独的个人或组织专门负责生产、消费、分配和定价等问题"①。市场经济能够成为一部复杂而精良的机器的奥秘在于其本身就是一套巨大的激励机制。

由于激励机制在经济领域取得了巨大的成功,于是认为"法律要想造就一定的社会秩序就必须对人们形成有效的激励"②。促进型立法是贯彻这种理念的典型,它更多地强调通过激励机制来实现立法目的。定位于促进型立法的"数字经济促进法"必然也更多地强调且设置更好的激励举措来实现促进数字教育发展的立法目的。在众多激励举措中,一个主要的而且激励效果最好的举措就是物质奖励。"强调物质刺激的力量而忽视良知的力量,不仅束缚了我们处理某些社会问题的能力,更能使那些问题恶化。"③这是因为这种物质激励可能会导致特定主体的关注的是获得物质奖励,而不是该奖励背后想要实现的促进数字教育发展。如果这种现象一旦成为现实,立法的目的会被虚置且让位给法物质奖励这种法律手段。简言之,立法目的与法律手段之间发生错位。即便是基于这一点,我们可以认为,"数字教育促进法"的偏重激励机制可能导致立法目的与法律手段发生错位。

二、"数字教育促进法"缺陷的补正策略

"凡事预则立,不预则废"(《礼记·中庸》)。既然在"数字教育促

---

① [美]保罗·萨缪尔森、[美]威廉·诺德豪斯:《经济学》(第17版),萧琛等译,人民邮电出版社,2007年版,第21页。

② 聂佳龙:《试论"囚徒困境"与法律规则的构造》,在《淮北师范大学学报(哲学社会科学版)》2014年第4期。

③ [美]琳恩·斯托特:《培育良知:良法如何造就好人》,李心白译,商务印书馆,2015年版,第219页。

进法"立法之前就知道其至少存在上面所述的两个缺陷,那么在真正的立法中通过相应的制度安排与立法技术等予以规避则是要认真思考与提前谋划的事。针对赋权赋能规则缺乏导致立法促进目的落空之缺陷,要强化促进数字教育发展主体的责任。针对偏重激励机制可能导致立法目的与法律手段发生错位之缺陷,要严格激励手段的设置与对促进数字教育发展效果的考核。需要特别指出一点的是,前述补正策略并不意味着"数字教育促进法"缺陷问题能得到彻底解决。想要彻底解决"数字教育促进法"缺陷应当坚持系统观念。

(一)针对性补正策略之强化促进数字教育发展主体的责任

赋权赋能的目的是促进数字教育发展主体履行其责任所必须的。但无论是赋权还是赋能,都存在着与之对应的责任。于是,强化促进数字教育发展主体的责任是补正赋权赋能规则缺乏导致立法促进目的落空之缺陷所必须的。首先,不仅要在"数字教育促进法"中设置"法律责任"一章,而且在该章还要尽可能地详细地规定不同的促进数字教育发展主体不认真履行其责任的法律责任。其次,规定责任清单制度。实事求是地讲,即便是如此也不能完全地规避赋权赋能规则缺乏导致立法促进目的落空之缺陷,因为相对于不断变化的现实,强调稳定的"数字教育促进法"设置的法律责任总会发生"力所不逮"的情况。避免这种情形的最好办法就是基于促进数字教育发展中规划与促进实践等制定责任清单。责任清单可以分为正面责任清单和负面责任清单,前者规定不同促进数字教育发展主体应当积极履行的职责,后者规定不同促进数字教育发展主体不能实施的行为等。当然,对于"数字教育促进法"而言,不能再详细地规定责任清单的内容。但是,可以规定有关部门制定和实施责任清单。为此,"法律责任"一章的总体要求中规定"国务院及其有关部门等,负责制定每年度的正面责任清单和负面责任清单"这样的内容。

（二）针对性补正策略之严格激励手段的设置与对促进数字教育发展效果的考核

尽管激励手段是促进数字教育发展的必备手段，但"数字教育促进法"规定激励手段的目的是促进我国数字教育的发展，不能本末倒置。于是，激励手段的实施要以是否有利于促进我国数字教育发展为出发点和落脚点。这样首先要求，在"数字教育促进法"在立法过程中评估设置的激励手段的必要性：凡是不能促进我国数字教育发展或者对促进我国数字教育发展效果不显著的激励手段就不能设置。其次，在"数字教育促进法"立法过程中还要破除激励手段不包括惩罚的认识误区。"制度——尤其是附属于它们的惩罚——能使人们作出既有承诺得到切实履行的可靠约定"[①]，从而"法律对个人行为的激励是通过惩罚的力度和范围来达到的"[②]。于是，在"数字教育促进法"立法过程中还要规定惩罚的这种激励机制，比如在总则中的"奖励与表彰"条款中可以增加一款，对在促进数字教育发展中存在严重失误，造成严重损失的单位和个人，按照党纪和国家法律有关规定予以惩罚。最后，也是不可或缺的，即规定"数字教育促进法"出台实施后，国家的有关部门要根据促进数字教育发展效果对促进数字教育发展主体实施激励手段进行考核的制度。

（三）系统性补正策略之充分发挥立法评估作用

正如前面所述，"数字教育促进法"存在的缺陷不止赋权赋能规则缺乏导致立法促进目的落空和偏重激励机制可能导致立法目的与法律手段发生错位这两个。于是，上面针对"数字教育促进法"这两

---

① ［德］柯武刚、［德］史漫飞：《制度经济学——社会秩序与公共政策》，韩朝华译，商务印书馆，2000年版，第111页。

② 张维迎、邓峰：《信息、激励与连带责任——对中国古代连坐、保甲制度的法和经济学解释》，载《中国社会科学》2003年第3期。

个缺陷提出的补正策略至少在逻辑上讲,并不能确保"数字教育促进法"完全地承担起在法治的轨道上促进我国的数字教育发展之目的实现。于是,想要"数字教育促进法"与欲求的立法目的实现,不能如上面那样采用"头痛医头脚痛医脚"的思考方式。前面已述及,随着促进目的的实现后,促进型立法会被管理型立法所取代。定位为促进型立法的"数字教育促进法"的发展轨迹亦是如此。"数字教育促进法"何时会发展到管理型立法阶段,显然这是一个给不出答案的问题。但有一点可以肯定是,无论"数字教育促进法"何时发展到管理型立法阶段,都需要进行立法评估。"立法评估指具有立法权的国家机关,借助一定的标准、程序与方法,对将要拟定的、已经拟定的或者已经生效的规范性法律文件的价值、发展与效果进行综合评价、判断和预测,旨在提出制定、废止、修改等评估意见的立法技术和立法活动"①。立法评估主要有这样方面的功能:第一,规范立法权的行使。立法评估贯穿于立法所有阶段,在这个过程中,通过立法评估可以对立法权进行控制,保障立法权依法规范行使。第二,保障立法的实效性。立法的实效性是指具有法律效力的规范性法律文件在实际社会生活中被执行、使用与遵守的情况。而立法评估是检验一项立法是否具有实效性的最直接有效的方法②。第三,提升立法质量。作为立法技术的立法评估是人们主要出于检验和提高立法质量而摸索出来的方法。这是因为,立法评估可以为制定、修改、废止等立法工作提供强有力的依据。这有利于加强和改进立法工作,提高立法质量。可见,立法评估是在立法的民主性和科学性提升方面有着重要的作用。

基于此,本书认为想要避免采用"头痛医头脚痛医脚"这样的思

---

① 王春业:《立法学》,河海大学出版社,2024年版,第225页。
② 高轩:《立法学简明教程》,暨南大学出版社,2020年版,第128页。

考方式来解决"数字教育促进法"缺陷问题,可以充分发挥立法评估的作用。具言之,首先在"数字教育促进法"立法前进行评估,即对将要拟定的立法项目的必要性、可行性等进行综合评价、判断和预测,提出是否应当列入立法计划和立法规划等评估意见。其次,在"数字教育促进法"表决前进行评估,即对已经拟定的立法草案的价值、发展和效果进行综合评价、判断和预测,提出是否予以表决通过等评估意见。最后,也是最重要的是,在"数字教育促进法"出台后进行评估,即对该法律文件的价值、发展和效果进行综合评价、判断和预测,提出修改、废止等评估意见。

结　　语

　　无论是从中华民族伟大复兴还是从教育数字化转型的角度看,在法治轨道上促进数字教育发展应当是整个法学界需要重视的重大课题。在此背景下,充分论证数字教育立法的理据和立法定位与实现路径,不仅是现实所需,也是历史所需。从这一点看,本书能起到的作用仅仅是顺应了这些需要,把这些需要背后的数字教育立法这个问题提了出来。至于本书提出的制定好的"数字教育促进法"也仅仅是回答数字教育立法这个问题而给出的一个答案。不可否认,数字教育立法这个问题的答案有很多,但不能因此削弱甚至是否定"数字教育促进法"这个答案的价值。这是因为,即便是不从这个答案内容的科学性等方面去评价,也能得出这个答案提供了一个关于数字教育立法的思路或方案的参考价值。

　　当然,如果从"数字教育促进法"这个关于数字教育立法答案的科学性角度去看,赋权赋能规则缺乏导致立法促进目的落空、偏重激励机制可能导致立法目的与法律手段发生错位等缺陷问题肯定需要重视。但这些缺陷是否就证明"数字教育促进法"这个关于数字教育立法答案是不科学的呢?本书的看法是否定。"在立法起草中,很难规定一种万能的选择立法解决方案的方法。它们中的每一个都具有优势和风险。"①即便是不赞同本书提出的表征为"数字教育促进法"

---

① 〔希腊〕海伦·赞塔基:《立法起草:规制规则的艺术与技术》,姜孝贤译,法律出版社,2022 年版,第 58 页。

的促进型立法是数字教育立法最优立法定位之观点,但也不得出其他立法解决方案的是万能的。也就是说,赋权赋能规则缺乏导致立法促进目的落空、偏重激励机制可能导致立法目的与法律手段发生错位等缺陷问题是相伴"数字教育促进法"的促进型立法而生的问题。况且本书还针对这些相伴生问题提出了针对性与系统性的补正策略。从这一个角度看,本书至少在逻辑上是完整的。因此,从这个角度看,"数字教育促进法"这个关于数字教育立法答案至少在科学性方面没有什么可以指摘的。

既然"数字教育促进法"这个关于数字教育立法答案在科学性方面不存在指摘的方面,那么意味着关于数字教育立法的讨论,可以将注意力聚焦于制定出好的"数字教育促进法"。显然,这仅仅依靠理论论证是不够的,还需要对现实情况深入研究。这是本书所"缺乏"的,但也可以说这不是本书所"缺乏"的,因为本书承担的使命是从理论层面论文为何要数字教育立法以及如何实现该立法。这意味着想要尽快在国家层面形成专门的数字教育促进法,还有很多的工作要做。因此,从这个角度讲,本书的研究仅仅是一个开始。

可以肯定的是,数字教育立法是一项在未来必然会进行的工作。但无论这项工作在未来何时进行,前期的相关研究必须在此之前开展。这样才能够为将来的数字教育立法工作提供必要的理论指导和方案的参考。本书的研究不敢说已经完成了这两项任务(因为它只是个开始),由此希望未来有更多关于数字教育立法的研究成果出现,取得更多的共识,进而为关于促进数字教育发展的法律文件最终的出台提供"加速度"。

附录 科教强省战略下江西省数字教育地方立法前瞻研究

摘 要:推进基本内涵包括数字基础设施建设、教育者与受教育者的数字技能与素养提升、数字教育标准与伦理规范建立健全、教育数据开放与数字教育协同创新等的数字教育是江西实现科教强省战略目标的题中之义。江西省推进数字教育发展需发挥法治固根本、稳预期、利长远的保障作用来克服财力物力投入与政策支持等方面的担忧,为此建议制定《江西省数字教育促进条例》。该条例在立法目的与原则等方面应以"发展数字教育事业,建设科教强省"指导下确立"需求牵引应用""安全可持续发展""数字赋能科教强省"等立法原则,以及按照"总则、分则、附则和目录"的整体结构和数字教育基本内涵确立主要内容。

关键词:科教强省战略;江西省;数字教育;地方立法

一、问题的提出

党的二十大明确指出"教育、科技、人才是全面建设社会主义现代化国家的基础性、战略性支撑",因而要"加快建设教育强国、科技强国、人才强国"。2023 年 5 月 30 日,习近平总书记在主持中共中央政治局第五次集体学习时指出:"建设教育强国,是全面建成社会主义现代化强国的战略先导",强调要"进一步推进数字教育"①。为深入贯彻党的二十大以及习近平总书记关于建设教育强国重要论述的精神,2023年7月江西省委提出实施"一体推进教育强省、科技强省、人才强省建设"的"科教强省战略"②。当今,数字技术不断地对教育结构与形态重塑,教育事业智能升级已成为必然趋势。于是,发展数字教育既是江西省贯彻教育强国战略要求的必由之路,也是实现江西省科技强省战略目标的关键举措。推进数字教育发展,应当发挥好法治的固根本、稳预期、利长远的积极作用。立法是法治的先导,良法是善治的前提③。因此,在法治轨道上推进江西数字教育发展助推科技强省战略目标的实现,立法即制定良好的数字教育地方性法律规范不可或缺。

理解在江西科教强省战略背景下为何制定良好的数字教育地方性法律规范不可或缺,前提是要厘清数字教育的基本内涵。这是因为只有在此基础上才能分析数字教育在江西科教强省战略中的定位,进一步回答江西省数字教育立法的必要性。因此,本文研究的主要问题是在厘清数字技术基本内涵的前提下,探究数字教育在江西科教强省战略中的作用,以及为何要通过地方立法与如何通过地方立法促使该作用的实现。

二、推进数字教育发展是江西省实现科教强省战略目标的题中之义

（一）数字教育的基本内涵

表面看,数字教育是信息技术不断发展并与教育融合的产物。

---

① "习近平在中共中央政治局第五次集体学习时强调 加快建设教育强国 为中华民族伟大复兴提供有力支撑",《人民日报》2023年5月30日第1版。

② "尹弘在省委十五届四次全体(扩大)会议第一次全体会议上强调 打造'三大高地' 实施'五大战略' 奋力谱写中国式现代化的江西篇章",《江西日报》2023年7月22日第1版。

③ 黄文艺:《中国法治这十年》,载《中国司法》2022年第8期。

基于此,国内学者将数字教育视为表征为"借助计算机进行部分教学活动"[①]的教育信息化发展阶段,并且认为数字化教育的最高形态是智慧教育——"以智慧学习环境为技术支撑、以智慧学习为根本基石、以智慧教学法为催化促导"[②]的教育信息化阶段。前述的数字教育与智慧教育都与当前认为的也是本文讨论的数字教育存在较大差异。因此,有必要科学界定数字教育。

1. 理解数字教育基本内涵的维度

概念是时代的提示器。从概念的角度看,数字教育是伴随着数字技术在教育领域应用产生的一个概念。数字技术之所以能够应用于教育领域,根本性的原因必然是它能够解决当前教育领域的难点或(和)痛点。当前教育最大的特征是供给驱动教育范式[③]。供给驱动教育范式表征之一是采用标准化、统一化的教学模式[④]。然而,受教育者存在差异既是一个不争的也是一个无法改变的事实。于是,在教育教学活动难以甚至是不能打破课程、书本、班级、专业等局限的供给驱动教育范式下,受教育者的个体差异性会被忽视,不能成为独特的"这一个"。由此,受教育者的个体差异性与供给驱动教育范式之间必然存在不可消弭的紧张甚至是冲突。然而,事实却是供给驱动教育范式大行其道。其中最主要的原因是时空限制。因为受时空限制,受教育者只能在特定时空中从特定的教育者那获得知识、技

---

①　徐晔、黄尧:《智慧教育:人工智能教育的新生态》,载《宁夏社会科学》2019 年第 3 期。

②　祝智庭、贺斌:《智慧教育:教育信息化的新境界》,载《电化教育研究》2012 年 12 期。

③　祝智庭、胡姣:《教育数字化转型:面向未来的教育"转基因"工程》,载《开放教育研究》2022 年第 5 期。

④　袁振国:《教育数字化转型:转什么,怎么转》,载《华东师范大学学报(教育科学版)》2023 年第 3 期。

能等,从而教学模式必然标准化、统一化。因此,教育受时空限制是当前教育领域面临的难点和痛点。

就目前来看,最早帮助人类突破时空限制的是互联网技术。而大数据、人工智能、区块链等数字技术都是以互联网技术为基础,从而具有了突破时空限制的优势。数字技术这一优势无疑能够解决当前教育领域面临的受时空限制这一难点和痛点。于是,数字教育必然会随着数字技术在教育领域中得到应用而产生。数字技术在教育领域应用的结果必然是教育形态的重塑:受教育者可以基于自己需要随时随地从不特定的教育者那获得知识、技能等。如果硬要说数字教育是一个概念,那么这个概念也是反映数字技术重塑教育形态的概念。即便如此,我们也可以从中知道数字教育的基本内涵要从数字技术与教育形态重塑这两个维度去理解。

2. 数字技术维度下的数字教育内容

从数字技术的维度看,数字教育离不开数字技术的加持。这决定了数字教育必须建立在确保其存在与发展的数字基础设施基础上。于是,数字基础设施的建设是数字教育的一个内容。当然,数字基础设施对于数字教育而言,它只是一个必要非充分条件。数字教育的充分条件是教育者和受教育者,因为如果他们不具备使用数字技术的技能和正确地使用数字技术的素养,数字教育要么因为数字技术的优势得不到真正使用而大打折扣,要么因为数字技术赋能教育的初心被异化而变质。申言之,教育者与受教育者的数字技能与素养是确保数字教育存在与发展的关键因素。于是,教育者与受教育者的数字技能与素养提升是数字教育必不可少的内容。教育者与受教育者的数字技能与素养提升的目的是确保数字技术推动教育发展,进而造福人类。数字技术与其他技术一样,一旦滥用、恶用,非但不能推动教育发展,反而会祸害人类。为了避免数字技术被滥用、恶用,确立相应的标准和完善伦理规范不可或缺。因此,数字教育标准与伦理规范的建立健全也是数字教育的内容之一。

概而言之,在数字技术维度下,数字教育的内容应当包括数字基础设施的建设、教育者与受教育者的数字技能与素养提升、数字教育标准与伦理规范的建立健全等。

3. 教育形态重塑维度下的数字教育内容

前面已述及,数字教育重塑教育形态体现为:受教育者可以基于自身需要从不特定的教育者那获得知识、技能等,且不受时空的限制。这意味着教育范式不再是供给驱动教育范式,而是需求驱动教育范式。受教育者需求是多元与多变的。这意味着受教育者会基于不同的教育需求结成不同的学习社区。不同学习社区需求的教育资源自然不同。然而,当前与供给驱动教育范式相适配的教育资源与受教育者的分布都具有时空的限制性。这种时空界限性导致教育资源的弱开放性与教育资源供给的弱协同性。因此,数字教育对教育形态的重塑必然落脚于实现教育资源的开放与供给的协同。

教育资源开放的实现势必要求教育资源数字化,即教育资源变成教育数据,因为只有这样才能突破时空的限制。在这个意义上讲,教育资源的开放实质上就是教育数据的开放。教育数据开放的目的是满足不同受教育者的不同学习需求或者说是"因材施教"。但该目的的实现并不会因为教育数据开放而实现,因为不同的受教育者的教育资源需求及程度的不同决定了不同的教育者必须协同创新地向受教育供给教育资源。由此可知,从教育形态重塑的角度看,数字教育的内容应当包括教育数据的开放与数字教育的协同创新等。

（二）数字教育是江西省实现科教强省战略目标的重要抓手

2023年8月4日江西省委书记尹弘在江西省委教育工委、江西省教育厅调研时要求全省教育系统实施科教强省战略"要因势利导、聚焦重点，不断提升各级各类教育质量和水平"，并提出"要扎实推进基础教育更加优质均衡""要深化职业教育改革创新"和"要加快推动高等教育内涵特色发展"①。从前述中可以知道，从教育的角度看，江西实现科教强省战略目标的关键在于不断提升基础教育、职业教育和高等教育的质量和水平。

1. 数字教育有利于不断提升江西省基础教育的质量和水平

基础教育是建设教育强国的基点，"对提高中华民族素质、培养各级各类人才，促进社会主义现代化建设具有全局性、基础性和先导性作用"②。当前，无论是从全国看还是从全省看，教育面临的一个比较突出的问题是在城乡、地区和学校之间存在着较大的差距。"造成这种差距的主要原因是资源分配不均衡和配置效率低下。"③在众多教育资源中，课程资源与师资是人们最为关注和重视的。于是，江西省推进基础教育更加优质均衡，办好人民满意的基础教育必然要求实现课程资源优化配置。如前所述，数字教育的内容包括教育数据的开放和数字教育的协同创新。教育数据的开放意味着江西省不同地区、不同学校的教育者和受教育者可以共享全省甚至是全国的课程资源。数字教育的协同创新意味着江西省的基础教育受教育者可以突破地域、学校等限制享受更多的高水平师资的教育服务。不

---

① 江西省人民政府官网，https://www.jiangxi.gov.cn/art/2023/8/5/art_395_4561101.html，最后访问日期：2024年5月15日访问。

② 中华人民共和国中央人民政府官网，https://www.gov.cn/gongbao/content/2001/content_60920.htm，最后访问日期：2024年10月25日访问。

③ 岳金辉：《省域基础教育资源优化配置研究》，武汉理工大学2012年博士学位论文。

难看出,无论是教育数据的开放还是数字教育的协同创新都能促进江西省基础教育资源的优化配置,进而促进基础教育更加优质均衡发展。因此,可以说,数字教育有利于不断提升江西省基础教育的质量和水平。

2. 数字教育有利于不断提升江西省职业教育的质量和水平

职业教育是与经济社会发展最为密切、与就业和民生最为直接相关的教育类型。无论是从经济社会发展还是从就业和民生角度都不难知道,不断提升职业教育质量和水平的重要性是不言而喻的。具体到江西省的职业教育,《江西省高等职业教育质量报告(2023年度)》显示,江西省高等职业教育在"打造高水平产教融合新载体""服务数字经济发展促进教育数字化转型"和"服务区域经济高质量发展的能力"等方面面临挑战[①]。由于江西省侧重发展高等职业教育,于是某种意义上讲前述高等职业教育面临的挑战可以视为江西省整个职业教育面临的挑战。破解这些挑战必然要求江西省的职业教育要以地区经济、行业等发展需求为导向培养技能技术人才。前面已述及,数字教育可以重塑教育形态,即由供给驱动教育范式转变为需求驱动教育范式。于是,数字教育可以破解当前江西省职业教育面临的挑战。基于此,可以说,数字教育有利于不断提升江西省职业教育的质量和水平。

3. 数字教育有利于不断提升江西省高等教育的质量和水平

高等教育是建设教育强国的龙头,更是建设科教强省的龙头。江西省高等教育发展比较薄弱已是一个不争的事实。《江西省2020—2021学年高等学校本科教学质量分析报告》和《江西省

---

① 江西省教育厅官网,http://jyt.jiangxi.gov.cn/art/2024/3/12/art_33491_4812361.htm,最后访问日期:2024年5月15日访问。

2021—2022 学年高等学校本科教学质量分析报告》分别指出,江西省高等教育发展存在"高等教育供给能力与需求不匹配"[①]和"省高等教育国际合作、区域合作程度仍然不高,开展合作与交流的深度、广度不够"等问题[②]。从受教育者角度看,前者会影响其所学专业知识与技能不能很好地满足社会经济发展需要,后者则会影响其不能享受更多更好的教育教学资源。从本质上看,前者和后者分别与江西省职业教育面临的挑战和江西省基础教育面临的挑战是一样的。依据上面的分析,可以说,数字教育有利于不断提升江西省高等教育的质量和水平。

既然数字教育有利于不断提升江西省的基础教育、职业教育和高等教育的质量和水平,那么完全有理由这样认为:数字教育是江西省实现科教强省战略目标的重要抓手。这决定了数字教育在江西省的科教强省战略中不但占有一席之地,而且还是不可或缺的一环。因此,推进数字教育发展是江西省实现科教强省战略目标的题中之义。

三、数字教育立法是推进江西省数字教育发展的必然要求

承上所述,既然推进数字教育发展是江西省实现科教强国战略目标的题中之义,那么如何更好地推进数字教育发展,助力科教强省战略目标实现无疑是一个必须认真对待的问题。

有的学者指出,当前我国数字教育发展面临诸多的难点,其中"育人方式较为传统""办学模式较为保守""管理体制尚未完善"和

---

① 江西省教育厅官网,http://jyt.jiangxi.gov.cn/art/2022/3/2/art_30552_3874850.html,最后访问日期:2024 年 5 月 15 日访问。

② 江西省教育厅官网,http://jyt.jiangxi.gov.cn/art/2023/4/10/art_25665_4418008.html,最后访问日期:2024 年 5 月 15 日访问。

"保障机制尚不健全"是制约数字教育发展的重要因素[1]。虽然这些学者指出的是全国数字教育发展的难点,但这些难点在江西省也或多或少地存在着。除此之外,江西省发展数字教育还会面临自身独有的难点。因此,更好地推进江西省数字教育发展必然要求不但要解决数字教育发展中的全国性难点,还要解决本省独有难点。但有一点是肯定的,即无论是数字教育发展中的全国性难点还是本省独有难点,都离不开人力财力、政策条件等基础性的支持与保障,而且这些支持与保障还必须具有可持续性。为了确保促进数字教育发展所必须的基础性支持与保障的可持续性,法治化是最佳的方式和最优的选择,个中缘由下面分别论述之。

（一）克服江西数字教育发展所需人力投入方面担忧需发挥法治利长远的保障作用

简单地讲,教育是教育者向受教育者传授知识、技能等的社会活动。可见,教育活动开展以及教育目的的实现,教育者必不可少。当教育成为一项专门性的社会活动后,不仅意味着教育的大众化,还意味着教育者的职业化。教育的大众化蕴含的潜台词是:受教育应当成为国民的一项基本权利和义务。教育者的职业化蕴含的潜台词则是:教育者必须通过专门的训练等拥有教育的基本技能。教育大众化和教育者职业化各自蕴含的潜台词都共同地指向了教育者的持续供给。而教育者的持续供给必然需要大量的且持续性的人力投入。

此外,教育活动的实施也离不开相应的技术支持。技术是不断发展的是一个众所周知的事实。于是,技术的发展都会对教育产生

---

① 吴砥、冯倩怡、郭庆:《教育强国背景下数字教育的内涵、特点、难点与进路》,载《新疆师范大学学报(哲学社会科学版)》2024 年第 4 期。

或深或浅的影响。无论影响如何，有一点可以肯定的是教育不可也不能忽视技术的发展，而是要将新的技术应用到教育领域。这意味着一方面要提升教育者运用新的技术能力与素养，另一方面为了确保教育教学活动顺利开展甚至还要配置熟练操作新的技术并能迅速解决该技术问题的人员。这都需要大量的且持续性的人力投入。

由上可知，无论是从教育发展的角度看还是从技术发展的角度看，大量的且持续性的人力投入是教育的内在要求之一。于是，数字教育的发展自然也离不开大量的且持续性的人力投入。在党和国家对教育高度重视下，江西省在人力方面进行了持续的投入。然而，较多教育者"未真正将数字技术与教学深度融合""部分学校数字化专业人员配置不足"等问题①在江西省存在着。这表明江西省在实施数字教育的教育者投入方面还有很大的提升空间。但是，在可预见未来一段时间中，江西省将会与全国一样，随着出生人口的减少而面临中小学教师"过剩"的问题②。在此背景下，一般来说很难排除有的地方、有的学校会基于现在或未来"学生数量少"或（和）"快退休在岗教师多"等理由减少在数字教育所需的人力投入的可能性。如果这种可能性成为现实，从长远看势必会阻碍江西省的数字教育发展，进而不利于科技强省战略目标的实现。法治具有利长远的保障作用。因此，为了确保在未来江西省数字教育所需的人力投入不会因为人口减少而减少，法治化是必要的。

---

① 吴砥、冯倩怡、郭庆：《教育强国背景下数字教育的内涵、特点、难点与进路》，载《新疆师范大学学报（哲学社会科学版）》2024 年第 4 期。

② 根据北京师范大学教育学部高等教育研究院副教授乔锦忠团队的预测，到 2035 年全国将有约 150 万小学教师、37 万初中教师过剩。网易网，https://www.163.com/dy/article/INKKQBDU0534A4SC.html，最后访问日期：2024 年 5 月 15 日访问。

（二）克服江西数字教育发展所需财力投入方面担忧需发挥法治固根本的保障作用

教育是关乎国家、民族、人类未来的事业。于是，促进教育事业发展既是任何一个国家、民族的不可推卸的责任，也是整个人类不可推卸的责任。这意味着国家、民族和人类都有义务有责任投入足够多的财力来发展教育事业，因为财力是教育事业发展的最根本条件。为了确保国家和地方各级人民政府切实履行教育投入职责，1995 年 3 月 18 日第八届全国人民代表大会第三次会议通过的《教育法》采用专章的形式——"教育投入与条件保障"——对教育投入进行了规定。事实业已证明，在《教育法》等法律规范关于教育投入的规范下，我国的教育事业取得了长足的发展。这表明，法治具有固财力这一教育发展根本性条件的保障作用。申言之，教育事业发展需要发挥法治具有固财力投入这一根本条件的保障作用。

数字教育是教育的一种形态。因而江西省想要促进数字教育发展必然要有相应财力的支持与保障。然而，江西省面临实际情况是：一方面，江西省和全国一样，在教育信息化方面已进行了持续的投入，但也存在着"专注解决'有没有'的问题，忽视了'好不好'的问题。……多数学校具备一定的数字化教学条件，但部分地区的学校数字化设备明显老旧、未更换升级"等①问题，而这些问题的解决需要持续性投入大量财力；另一方面，江西省经济发展水平相对欠发达，导致在教育投入方面与周边省份存在一定的差距（见表 11）。这样不可避免地会产生这样的担忧：在江西省经济增长不乐观的情况下，如何确保各级各类学校数字化设备的更换升级等的财力投入不

---

①　吴砥、冯倩怡、郭庆：《教育强国背景下数字教育的内涵、特点、难点与进路》，载《新疆师范大学学报（哲学社会科学版）》2024 年第 4 期。

会因此受到实质性的影响。一旦这种担忧成为现实,势必影响江西省科教强省战略目标的实现。因此,为了确保科技强省战略目标的实现,江西省促进数字教育发展应当积极发挥法治具有固财力投入这一根本条件的保障。

表11　江西省及其部分周边省份 2020—2022 年教育经费总投入情况表

	2020 年教育 经费总投入	2021 年教育 经费总投入	2022 年教育 经费总投入
江西省	1 581.63 亿元	1 655.51 亿元	1 895.70 亿元
安徽省	1 747.86 亿元	1 897.94 亿元	2 053.21 亿元
广东省	5 386.96 亿元	6 018.81 亿元	6 190.20 亿元
湖南省	1 885.26 亿元	2 003.85 亿元	2 210.05 亿元
湖北省	1 678.31 亿元	1 793.20 亿元	1 940.55 亿元

数据来源:根据 2020—2022 年各省教育厅网站发布的"全省教育经费执行情况统计公告"整理所得。

(三)克服江西数字教育发展所需政策支持方面担忧需发挥法治稳预期的保障作用

政策是教育依赖生存和发展的基本环境,这点在民办教育上体现得尤为明显[①]。于是,教育的发展离不开相应的政策支持。虽然政策具有帮助学校等对抗实施教育活动等过程中面临的不确定的作用,但这种作用往往表现出因事(势)而变、因时而变的特征。因事(势)而变、因时而变特征在凸显出政策灵活性的同时也凸显出政策的不稳定性。教育发展要以稳定的环境作为前提,这与政策的不稳定性存在一定的张力。当这种张力在现实中变得不可接受时,导致

---

① 黄洪兰:《非营利性民办高校支持政策研究》,东北师范大学 2019 年博士学位论文。

的后果表面看是教育事业会因为政策支持变化而不断地调整，甚至教育事业发展会因为政策的预期稳定性差而陷入停滞。因此，教育事业而言，它不仅需要政策的支持，还需要确保这些支持的政策具有较强的预期稳定性。具体到江西省推进数字教育发展，亦是如此。

当前，在国家政策与现实双重需求下，江西省近来陆续出台了《江西省深化职业教育技工教育改革、服务产业高质量发展的若干措施》等对数字教育具有促进作用的政策。但政策的因事而变、因时而变特征至少从逻辑上讲不可避免地会引发这样的担忧：如果前述政策被废止而新的对数字教育具有促进作用的政策出台，那么江西省科教强省战略必然会受到影响。此外，根据《江西省 2023 年国民经济和社会发展统计公报》显示，截至 2023 年末普通高等学校（含普通、职业本专科）、普通高中、中等职业学校、初中阶段学校和小学分别是 109 所、568 所、272 所、2 249 所和 5 830 所，其中民办学校 6 665 所①。可见，虽不能说江西是教育大省，但说是民办教育大省应该不会招致太大的质疑。由此可以说，民办高校在江西省推进数字教育发展作用不可忽视。前面已述及，政策是民办教育赖以生存和发展的基本环境。这一客观实际情况，使我们更有理由引出这样的结论：江西省推进数字教育发展必须确保政策支持具有相当强的预期稳定性。而法治正具有稳预期的保障作用。因此，江西省推进数字教育发展必须通过法治的方式强化政策支持的预期稳定性。

综上所述可知，江西省以数字教育这一重要抓手助推科教强省战略目标的实现，必须积极发挥法治在推进数字教育发展的作用。而想要在法治的轨道上推进数字教育发展，数字教育立法必不可少。

---

① 江西省统计局官网，http://tjj.jiangxi.gov.cn/art/2024/3/30/art_38773_4835606.html，最后访问日期：2024 年 5 月 15 日访问。

从江西省乃至全国的实际情况,当前均无关涉数字教育的专门性法律规范。2023 年 10 月,习近平总书记考察江西省时提出了"走在前、勇争先、善作为"的殷切期望。数字教育无论对加快革命老区高质量发展,还是对推动中部地区崛起和推进长江经济带发展都是有利的。于是,为了早日实现习近平总书记对江西省的殷切期望,江西省在推动数字教育立法方面应该"走在前、勇争先、善作为"。至此,我们有充分的理由得出这样的结论:数字教育地方立法是推进江西数字教育发展的必然要求。

四、江西省数字教育地方立法的建议

既然数字教育地方立法是推进江西数字教育发展的必然要求,那么前瞻性地探索制定一部适合江西省实际情况的专门性数字教育地方法律规范应该是优先考虑的议题。江西省制定一部关涉数字教育的专门性地方法律规范,以下几个问题必须明确:第一,规范性文件的名称;第二,立法目的和立法原则;第三,规范性文件的整体结构;第四,规范性文件的内容结构。这是因为这四个问题分别是江西数字教育立法的定位、立法价值追求、立法体系表达和立法内容之体现。

(一)关于江西数字教育规范性文件名称的建议

根据《立法法》的规定,江西省人大及其常委会与江西省人民政府均有制定地方性法律规范的权力。江西省人大及其常委会与江西省人民政府制定的地方性法律规范分别属于地方性规范和地方政府规章。《立法法》第 73 条第 1 款和第 82 条第 2 款分别规定"地方性法规可以就下列事项作出规定:(一)为执行法律、行政法规的规定,需要根据本行政区域的实际情况作具体规定的事项;(二)属于地方性事务需要制定地方性法规的事项。""地方政府规章可以就下列事项作出规定：(一)为执行法律、行政法规、地方性法规的规定需要制定规章的事项；(二)属于本行政区域的具体行政管理事项。"据此可知,江西要制定的关涉数字教育的专门性地方法律规范应当属于地方性法规的范畴。根据规范性文件的命名规则,地方性法规命名方式一般是"××省(市)××条例(规定、办法等)"。由此可知,江西省要制定的关涉数字教育的专门性地方法律规范的命名要解决的是后面"××"的内容。根据本文前面的论述,将后面的"××"内容设定为"数字教育促进"比较妥当。这样,江西要制定的关涉数字教育的专门性地方法律规范的名称可以是《江西省数字教育促进条例》(以下简称《条例》)。

(二) 关于《条例》立法目的和立法原则的建议

德国法学家耶林曾宣称目的是全部法律的创造者①。霍贝尔也有过类似的观点,他说："法律本来就是为一定目的服务的,它需要人们更有目的性地对它予以关注,因为它的每一步发展都关系到文明的命运。"②在哲学上,目的是主体在客观世界中想要实现的东西。基于此,在立法领域的目的即立法目的指的是立法主体通过法这一介质所要保护的利益、所要发挥的功能。由于立法目的具有导向作用和作为价值标准的作用等,从而我国的规范性文件中第一条规定目的。因此缘故,该条往往称之为"立法目的条款"。于是,《条例》的第1条应当是规定该规范性文件的立法目的。参考现行规范性文件的第1款规定会发现,该款的表述一般是："为了……,根据……,制定本法(条例等)。"前面已经指出,推进数字教育发展的最主要目的是实现江西省科教强省战略目标。于是,《条例》的第1条可以表述

---

① ［德］魏德士：《法理学》,丁晓春、吴越译,法律出版社,2005年版,第234页。
② ［美］E. A.霍贝尔：《初民的法律》,周勇译,中国社会科学出版社,1993年版,第374页。

为："为了发展数字教育事业,建设科教强省,根据有关法律、行政法规,结合本省实际情况,制定本条例。"

诺内特等人认为,"如果法律强调原则和目的,那么就有了一种丰富的资源可用于批判具体规则的权威"①。庞德也认为,探讨立法目的"对我们而言,这一系列观念的历史及其产生发展的重要性不亚于曾被认为是构成法律整体的规范和原则本身的重要性。实际上,有关法律目的的观念的历史发展内化于法律规范和法律原则的产生发展之中。"②从这些表述中不难知道,立法原则的重要性不亚于立法目的。具体到《条例》,其立法原则既要与《教育法》等法律相一致,又要体现出数字教育的特性与江西省的本土特色。由于《教育法》等法律的原则业已确立,于是在立法原则方面,重要讨论的应该是《条例》能体现出数字教育特性与江西省本土特色的立法原则。

前面已述及,数字教育是数字技术在教育领域中运用而产生的。于是,数字教育的最突出的特性与数字技术有关。从教育的角度看,数字技术是手段而非目的。这意味着数字技术在教育领域中的运用必须遵循教育发展规律,要把握教育教学的内在需求,以需求塑应用,以应用赋能教育的可持续发展。基于此,《条例》可以通过确立"需求牵引应用"和"安全可持续发展"等立法原则体现数字教育的特性。前面也述及,江西省推进数字教育是实现科教强省战略目标的题中之义。这意味着需要发挥数字教育对江西省科教强省战略目标实现的赋能作用。基于此,《条例》可以通过确立"数字赋能科教强

---

① [美]P.诺内特,[美]P.塞尔兹尼克:《转变中的法律与社会:迈向回应型法》,张志铭译,中国政法大学出版社,2004年版,第91页。

② [美]庞德:《法理学》(第1卷),余履雪译,法律出版社,2007年版,第296—297页。

省"等立法原则体现江西省的本土特色。

（三）关于《条例》整体结构的建议

规范性文件的整体结构包括总则、分则和目录、序言、附则和附录。总则是指对整个规范性文件具有统领地位的且与分则、附则等相对应的条文的总称。总则有明示和非明示两种形式，前者一般以"总则""总纲""基本原则""一般规定"等名称出现，后者一般设在简单的或不设"章"的规范性文件的结构中，以无标题形式出现。总则一般都应设在规范性文件的开篇，只有规范性文件还有序言、前言的情况才可以例外。总则内容的构造应当符合必须按照先后顺序排列、不能过于简单也不能过于繁杂和应当尽力"法律化"等要求。分则是指规范性文件的整体中与总则相对应、使总则内容具体化的部分。分则内容的构造应当符合体系和内容完整、完整规定权利和义务，以及规定的内容要明确、具体等要求。附则是指在规范性文本中起到辅助性作用的内容。附件的内容通常包括：其一，关于名词、术语的定义；其二，关于解释权的授权规定；其三，关于制定实施细则的授权规定；其四，关于制定变通或补充规定的授权规定；其五，关于法律文件失效或废止的规定；其六，关于实施问题的规定。目录是在完整的规范性文件结构中将总则、分则和附则各部分的标题集中排列于序言或正文之前的部分。设置目录的目的在于使人们能方便地从宏观上把握规范性文件的基本内容，了解规范性文件的结构，快捷地查阅有关文件。序言是指在该文件的正文前叙述性或论述性的文字部分。从各国规范性文件序言的内容看，除个别情况外，都属于非规范性的内容，因而不能当作行为规范来适用。但是由于序言也是规范性文件的组成部分，对它所阐述的原则和概括的内容当然不能违背，否则也是违法行为，甚至是违宪行为。附录是部分规范性文件的本文后所附加的有关资料的总称，有时也称为附件。附录只是规范性文件的附加部分,不是文件正文的组成部分。附录的形式或种类主要有独立的规范性文件、有关规范性文件部分条文、文字、图表和图形等的说明。由此可知,序言和附则不是规范性文件必备的。实际上,从已有的地方性法规看,附则尤其是序言比较少见。因此,笔者建议作为地方性法规的《条例》的整体结构宜为:总则、分则、附则和目录。

（四）关于《条例》内容结构的建议

在《条例》的整体结构宜是总则、分则、附则和目录的基础上,结合前面所述尤其是数字教育内涵的论述,以及总结已有的地方性法规的内容,《条例》的内容大致应包括:

1. 总则。包括:立法目的、适用范围、基本原则、促进内容、职责分工、区域合作、社会参与、表彰和奖励等内容。其中,适用范围的内容,建议适用范围包括在江西省行政区域内促进数字教育发展和为数字教育提供支撑保障等相关活动两部分;职责分工的内容,建议强调省级人民政府按照"强化整体布局、统筹谋划"的原则推进全省数字教育发展;区域合作的内容,建议强调与有关国家和地区,以及与省外在数字基础设施的建设、教育者与受教育者的数字技能与素养提升、数字教育标准与伦理规范的建立健全、教育数据的开放与数字教育的协同创新等方面的合作与交流;社会参与的内容,建议鼓励和支持社会力量参与数字基础设施的建设,鼓励行业协会、科研机构、高等院校等为促进数字教育发展提供数字技能培训、法律服务等服务。表彰和奖励的内容,建议对在数字教育发展工作中作出突出贡献的单位和个人,按照有关规定给予表彰和奖励。

2. 分则。根据前面所述的数字教育内容,分则由数字基础设施的建设、教育者与受教育者的数字技能与素养提升、数字教育标准与伦理规范的建立健全、教育数据的开放与数字教育的协同创新、数字教育促进措施等五章组成。①数字基础设施的建设一章,建议包括总体要求、智慧校园建设、新技术新装备研究实践、信息技术应用创新、数字基础设施安全保护等内容。②教育者与受教育者的数字技能与素养提升一章,建议包括总体要求、教育者与受教育者的数字技能提升权利与义务、教育者与受教育者的数字素养提升权利与义务、教育者与受教育者的数字技能与数字素养的培训、教育者与受教育者的数字技能与数字素养的测评等内容。③数字教育标准与伦理规范的建立健全一章,建议包括总体要求、数字教育标准规范研制、数字教育伦理教育、违反数字教育标准与数字教育伦理行为的处分等内容。④教育数据的开放与数字教育的协同创新一章,建议包括总体要求、教育数字资源中心建强、线上教育服务、教育数据资源管理、公共教育数据资源共享与开放、教育数据资源权益保护、教育数据资源保护、教育共同体形式创新等内容。⑤数字教育促进措施一章,建议包括总体要求、经费保障、人才支持、评估监测、特殊群体保障、免责情形、法律责任等内容。

3. 附则。包括概念释义和实施日期等内容。其中,概念释义主要是对数字教育的解释,即"本条例所称数字教育,是指以现代数字技术有效使用、以教育信息化驱动引领教育现代化的一系列教育教学活动,包括数字基础设施的建设、教育者与受教育者的数字技能与素养提升、数字教育标准与伦理规范的建立健全、教育数据的开放与数字教育的协同创新等内容。"

结语

在法治轨道上推进数字教育发展既是江西实现"科教强省战略"题中之义,也是其内在要求。而江西数字教育立法是为数字教育发展和"科教强省战略"目标实现提供法治保障的前提,本文只是一个尝试。更多的问题,如本文提出的数字教育促进型立法缺陷的补正——因为"在立法起草中,很难规定一种万能的选择立法解决方案的方法。它们中的每一个都具有优势和风险"①,仍有待于进一步的研究。

---

① [希腊]海伦·赞塔基:《立法起草:规制规则的艺术与技术》,姜孝贤译,法律出版社,2022 年版,第 58 页。

主要参考文献

一、马克思主义经典论述

1.《中国共产党第二十届中央委员会第三次全体会议文件汇编》，人民出版社，2024 年版。

2. 习近平：《论教育》，中央文献出版社，2024 年版。

3. 习近平：《论坚持全面依法治国》，中央文献出版社，2020 年版。

4.《习近平谈治国理政》第一卷，外文出版社，2018 年版。

5. 习近平：《摆脱贫困》，福建人民出版社，1992 年版。

6. 习近平：《认真学习党章，严格遵守党章》，载《求是》，2012 年第 23 期。

7.《习近平谈治国理政》第二卷，外文出版社，2017 年版。

8.《邓小平文选》第三卷，人民出版社，1993 年版。

9.《马克思恩格斯全集》（第 3 卷），人民出版社，1960 年版。

10.《马克思恩格斯全集》（第 4 卷），人民出版社，1958 年版。

11. 习近平：《决胜全面建成小康社会 夺取新时代中国特色社会主义伟大胜利——在中国共产党第十九次全国代表大会上的报告》，载《人民日报》，2017 年 10 月 28 日第 1 版。

12. 习近平："在欧美同学会成立 100 周年庆祝大会上的讲话"，载《人民日报》，2013 年 10 月 22 日第 1 版。

二、中文著作

1. 本书编写组:《习近平总书记教育重要论述讲义》,高等教育出版社,2020 年版。

2. 北京大学哲学系外国哲学史教研室:《西方哲学原著选读》,商务印书馆,1981 年版。

3. 余华东:《论智慧》,中国社会科学出版社,2005 年版。

4. 金一鸣:教育原理(第二版),高等教育出版社,2002 年版。

5. 熊春泉、聂佳龙:《数据驱动型竞争异化风险的法律防控研究》,上海三联书店,2021 年版。

6.《党的二十届三中全会〈决议〉学习辅导百问》编写组:《党的二十届三中全会〈决议〉学习辅导百问》,党建读物出版社:学习出版社,2024 年版。

7. 熊春泉、聂佳龙:《大数据时代的中国法治建设——一种立法视角的分析》,中国政法大学出版社,2017 年版。

8. 刘澍:《失范与规范:幼儿教育权力规制机制研究——基于虐童事件的反思》,上海三联书店,2022 年版。

9. 张焕庭:《西方资产阶级教育论著选》,人民教育出版社,1979 年版。

10. 王春业:《立法学》,河海大学出版社,2024 年版。

11. 钟海青:《比较教育管理》,广西教育出版社,2001 年版。

12. 高轩:《立法学简明教程》,暨南大学出版社,2022 年版。

13. 张文显:《法理学》(第 4 版),高等教育出版社,2011 年版。

14. 柯华庆:《党规学》,上海三联书店,2018 年版。

15. 赵谦:《立法学》,西南师范大学出版社,2021 年版。

16. 苏永钦:《走入新世纪的宪政主义》,元照出版有限公司,2002 年版。

17. 孙敢、侯淑雯：《立法学教程》，中国政法大学出版社，2000年版。

18. 魏海军：《立法概述》，东北大学出版社，2014年版。

19. 聂佳龙：《法律市场论纲：作为经济分析法学的一种基础理论前言》，江西人民出版社，2013年版。

20. 王春业、聂加龙：《行政法学》，河海大学出版社，2023年版。

三、中文译著

1. ［美］本杰明·卡多佐：《司法过程的性质》，苏力译，商务印书馆，2000年版。

2. ［美］斯图尔特·罗素、彼得·诺维格：《人工智能：一种现代方法》，姜哲等译，人民邮电出版社，2010年版。

3. ［古希腊］亚里士多德：《形而上学》，吴寿彭译，商务印书馆，1981年版。

4. ［美］布莱恩·阿瑟：《技术的本质——技术是什么，它是如何进化的》，曹东溟、王健译，浙江人民出版社，2014年版。

5. ［美］N.维纳：《人有人的用处——控制论和社会》，陈步译，商务印书馆，1989年版。

6. ［英］维克托·迈尔—舍恩伯格、肯尼思·库克耶：《大数据时代：生活、工作与思维的大变革》，盛杨燕、周涛译，浙江人民出版社，2012年版。

7. ［德］魏德士：《法理学》，丁晓春、吴越译，法律出版社，2005年版。

8. ［美］爱德华·W·苏贾：《后现代地理学——重申批判社会理论中的空间》，王文斌译，商务印书馆，2004年版。

9. 联合国教科文组织国际教育发展委员会：《学会生存：教育世

界的今天和明天》,教育科学出版社,1996 年版。

10. [德]考夫曼:《法律哲学》,刘幸义译,法律出版社,2003 年版。

11. [德]黑格尔:《法哲学原理》,范扬、张企泰译,商务印书馆,1961 年版。

12. [美]爱因斯坦:《爱因斯坦文集》(第三卷),许良等译,商务印书馆,1979 年版。

13. [德]雅斯贝尔斯:《什么是教育》,邹进北译,三联书店,1991 年版,第 4 页。

14. [美]李普塞特:《政治人:政治的社会基础》,张绍宗译,上海人民出版社,1997 年版。

15. [德]哈贝马斯:《重建历史唯物主义》,郭官义译,社会科学文献出版社,2000 年版。

16. [英]亚当·斯密:《国家财富的性质和原因的研究》,郭大力、王亚楠译,商务印书馆,1983 年版。

17. [美]富勒:《法律的道德性》,郑戈译,商务印书馆,2005 年版。

18. [英]休谟:《人类理解研究》,关文运译,商务印书馆,1995 年版。

19. [英]弗里德里希·冯·哈耶克:《法律、立法与自由》,邓正来译,中国大百科全书出版社,2000 年版。

20. [德]卡尔·拉伦茨:《法学方法论》,陈爱娥译,商务印书馆,2004 年版。

21. [美]E. A.霍贝尔:《初民的法律》,周勇译,中国社会科学出版社,1993 年版。

22. [美]劳伦斯·弗里德曼:《碰撞:法律如何影响人的行为》,邱遥堃译,中国民主法制出版社,2021 年版。

23. [美]P.诺内特、P.塞尔兹尼克:《转变中的法律与社会:迈向回应型法》,张志铭译,中国政法大学出版社,2004 年版。

24. [美]庞德:《法理学》(第 1 卷),余履雪译,法律出版社,2007
年版。

25. [英]约翰·弗朗西斯图:《动物百科图鉴:老虎》广州出版社,
2007 年版。

26. [美]保罗·萨缪尔森、威廉·诺德豪斯:《经济学》(第 17
版),萧琛等译,人民邮电出版社,2007 年版。

27. [美]琳恩·斯托特:《培育良知:良法如何造就好人》,李心白
译,商务印书馆,2015 年版。

28. [德]柯武刚、史漫飞:《制度经济学——社会秩序与公共政
策》,韩朝华译,商务印书馆,2000 年版。

29. [希腊]海伦·赞塔基:《立法起草:规制规则的艺术与技术》,
姜孝贤译,法律出版社,2022 年版。

四、中文期刊论文文献

1. 徐晔、黄尧:《智慧教育:人工智能教育的新生态》,载《宁夏社
会科学》,2019 年第 3 期。

2. 刘选、刘革平:《我国智慧教育研究十年:聚焦、困境与突围》,
载《成人教育》,2024 年第 2 期。

3. 刘旭东:《变革与回应:人工智能教育立法的四维路径》,载《比
较教育学报》,2024 年第 3 期。

4. 祝智庭、彭红超、雷云鹤:《智能教育:智慧教育的实践路径》,
载《开放教育研究》,2018 年第 4 期。

5. 祝智庭、胡姣:《教育数字化转型的实践逻辑与发展机遇》,载
《电化教育研究》,2022 年第 1 期。

6. 袁振国:《教育数字化转型:转什么,怎么转》,载《华东师范大

学学报(教育科学版)》,2023年第3期。

7.熊懿求:《论生产工具在生产力决定生产关系中的主要决定作用》,载《武汉大学学报》(哲学社会科学版),1980年第4期。

8.张忠政:《黄炎培与中华职业教育社》,载《教育理论与实践》,1985年第2期。

9.王建华:《高等教育适应了的省思》,载《高等教育研究》,2014年第8期。

10.刘国瑞:《我国高等教育空间布局的演进特征与发展趋势》,载《高等教育研究》,2019年第9期。

11.黄文敏:《民办高校教师身份认同困境与消解路径研究》,载《中国成人教育》,2021年第20期。

12.聂加龙等:《大数据不正当竞争行为的法律规制研究》,载《企业经济》,2024年第4期。

13.吴砥、冯倩怡、郭庆:《教育强国背景下数字教育的内涵、特点、难点与进路》,载《新疆师范大学学报(哲学社会科学版)》,2024年第4期。

14.王春业、聂佳龙:《论社会保障视域下我国公共财政立法的完善》,载《福建行政学院学报》,2011年第6期。

15.王春业、聂佳龙:《从"三公"经费公开谈人大预算权的落实》,载《云南大学学报》(法学版),2013年第1期。

16.王振、聂佳龙:《大数据时代外来物种入侵行为入刑之思考》,载《萍乡学院学报》,2017年第2期。

17.吴砥、李环、尉小荣:《教育数字化转型:国际背景、发展需求与推进路径》,载《中国远程教育》,2022年第7期。

18.黄文艺:《中国法治这十年》,载《中国司法》,2022年第8期。

19.聂佳龙、史克卓:《论作为新兴权利的公民启动权》,载《广州社会主义学院学报》,2013 年第 2 期。

20. 吕忠梅、田时雨:《环境法典编纂何以能——基于比较法的背景观察》,载《苏州大学学报(法学版)》,2021 年第 4 期。

21. 王春业、聂佳龙:《论立法的节制性美德——从立法禁止'啃老'谈起》,载《福建行政学院学报》,2015 年第 5 期。

22. 陈云良:《民营经济专门立法的理据、定位及体系表达》,载《广东社会科学》,2024 年第 3 期。

23. 李艳芳:《"促进型立法"研究》,载《法学评论》,2005 年第 3 期。

24. 温荣:《地方性法规"不作重复性规定"的体系意旨及其实现》,载《广东社会科学》,2023 年第 5 期。

25. 操申斌:《党内法规与国家法律协调路径探讨》,载《探索》,2010 年第 2 期。

26. 李岩:《〈民法典〉中非规范性条款研究》,载《东北大学学报(社会科学版)》,2020 年第 4 期。

27. 刘风景:《立法目的条款之法理基础及其表达技术》,载《法商研究》,2013 年第 3 期。

28. 聂佳龙:《试论"囚徒困境"与法律规则的构造》,在《淮北师范大学学报(哲学社会科学版)》,2014 年第 4 期。

29. 张维迎、邓峰:《信息、激励与连带责任——对中国古代连坐、保甲制度的法和经济学解释》,载《中国社会科学》,2003 年第 3 期。

五、外文文献

1. Morakanyaner, Grace A, O'Reilly P. "Conceptualizing digital transformation in businessorganizations: a systematic reviewof literature": Proceedings of the 30th Bled Econference: Digital

Transformation-from Connecting Things to Transforming Our Lives[C]. Bled：Bled eConference Press，2017.

2. Cichosz M，Wallenburg C M，Knemeyer A M. Digital transformation at logistics service providers：bariers，successfactors and leading practices[J]. The international journal of logistics management，2020，31（2）：209—238.

3. Marey，A. Digitalization as a paradigm shift[EB/OL]. https：kww.beg，com/ru-w/aboutbeg-review/digitalization.aspx.

4. Christopher D B. McCormack M. Driving digital transformation in higher educaton[EB/OL]. https：//ibrary.educause.edu/resources/2020/6/driving-digital-transformation-in-higher-education.

5. Andrei Marmori，The Rule of Law and Its limits，Law and Philosophy 23(1)：1—43，January 2004.

六、其他文献

1. 岳金辉："省域基础教育资源优化配置研究"，武汉理工大学，2012 年博士学位论文。

2. 亢振洲："农村基础教育现状堪忧"，载《团结报》2001 年 10 月 30 日。

3. 支继丹："新时代中国高等教育供给质量优化研究"，吉林大学，2024 年博士学位论文。

4. 张兰廷："大数据的社会价值与战略选择"，中共中央党校，2014 年博士学位论文。

5. 翟楠："教育权力及其正当性之研究"，南京师范大学，2008 年博士学位论文。

6. 黄洪兰："非营利性民办高校支持政策研究"，东北师范大学，

2019 年博士学位论文。

7. 左黎韵:"全国人大代表刘希娅:降低生师比减轻教师负担",载《重庆日报》,2024 年 3 月 8 日第 6 版。

8. 李霁:"少数民族地区中职教育发展存在的问题及发展对策",载《山西科技报》,2024 年 7 月 4 日 A6 版。

后　　记

　　写作本书纯属是一个意外。我的专业不是教育学,虽然从教十多年,但基本上没有做过关于教育方面的研究。2024 年 5 月 1 日,曾经同为一个办公室的黄文敏博士发了一个全国教育规划项目选题的截图——数字教育立法研究——给我。当我看到这个截图时,我明白黄博士意思是这个选题我可以做。很长一段时间我是拒绝做这个选题的,原因是我极度缺乏教育方面的知识储备。但黄博士时不时地鼓励我,说我的专业是法学,而且多年来从事数字技术与法治方面的研究,具备做这个选题的能力。正是在黄博士的鼓励下,我以申报"第九次全省地方立法理论研讨会课题"为契机,尝试着撰写了一篇名为《科教强省战略下江西省数字教育地方立法前瞻研究》的论文(见附录)。这也算是没有辜负黄博士的期待。

　　2024 年 7 月 30 日,黄博士又发了"数字教育立法研究"拟被立项为全国教育规划项目重点课题的截图给我。如果我有想法做这个选题,或许明年甚至是后年必须完成的基本工作量就不用愁了。因此,我才意识到我似乎为我的懒惰付出了"代价",如果还继续懒惰下去,以后回想这段往事时大概率是后悔。为了不让自己后悔,我在七月初决定动笔写作一本关于数字教育立法方面的著作。

　　动笔写作后,发现最大障碍并不是教育学知识储备缺乏,而是难以摆脱《科教强省战略下江西省数字教育地方立法前瞻研究》一文的

后 记

影响。于是，在完成本书第一章后，后面的写作突然变得不顺利。在经过暑假一个月的搁笔后，情况并没有得到很大的改善。为了能够尽快地完成本书的写作，九月份邀请了研究生同学谢靖宇老师来完成本书第二章、第三章共计九万多字内容的写作。因为我俩在读研时积攒的默契，整个写的合作过程相当顺利。本来计划年底完成本书写作，实际上在十月底就完成了初稿。

完成初稿后，借着指导学生参加 2025 年"挑战杯"的机会，我去了高中同学涂娟娟任教的南昌县南川小学调研，补充了部分关于数字教育现实意义的真实事例等。

由此，本书最后写作具体分工如下：

聂加龙负责导论、第一章、第四章、第五章和结语的写作，以及补充关于数字教育现实意义的真实事例。

谢靖宇负责第二章、第三章的写作。

今日本书付梓，已如难收的覆水，其成色到底如何，只能由同仁和读者去评判了。但不管成色如何，我还是要郑重地感谢写作过程中提供过无私帮助的师长、同事、同学。我想本书另一位作者谢靖宇老师也是如此吧。

聂加龙

2024 年 10 月 31 写于瑶湖畔

图书在版编目(CIP)数据

数字教育及其立法研究 / 聂加龙，谢靖宇著.
上海 ： 上海三联书店，2025. 5. -- ISBN 978-7-5426
-8926-9

Ⅰ. G43；D922.164

中国国家版本馆 CIP 数据核字第 2025GT1501 号

数字教育及其立法研究

著　　者 / 聂加龙　谢靖宇

责任编辑 / 殷亚平
装帧设计 / 徐　徐
监　　制 / 姚　军
责任校对 / 王凌霄

出版发行 / 上海三联书店
　　　　　(200041)中国上海市静安区威海路 755 号 30 楼
邮　　箱 / sdxsanlian@sina.com
联系电话 / 编辑部：021 - 22895517
　　　　　发行部：021 - 22895559
印　　刷 / 商务印书馆上海印刷有限公司

版　　次 / 2025 年 5 月第 1 版
印　　次 / 2025 年 5 月第 1 次印刷
开　　本 / 890mm×1240mm　1/32
字　　数 / 160 千字
印　　张 / 6.625
书　　号 / ISBN 978 - 7 - 5426 - 8926 - 9/G・1767
定　　价 / 78.00 元

敬启读者,如发现本书有印装质量问题,请与印刷厂联系 021 - 56324200